BREMEN beschwipst

Wunderliche Gedanken, seltsame Fantasien
ziehen durch meinen Kopf und verschwinden wieder.
Was schert mich das Vergehen der Stunden;
heute trinke ich Bier.

Edgar Allan Poe (1809–1849),
amerikanischer Schriftsteller

Peter Meyer-Odewald

BREMEN

beschwipst

Hochprozentige
Knüller
und andere
»Knüllitäten«

Carl Schünemann Verlag

Ekstase

ist nicht unbedingt der zweite Vorname der Bremer. Während etwa kleine Brasilianer sicher bereits im Bauch der stolzen Mütter Samba tanzen, ungestüm und voller Lebensfreude, lässt man es im Norden oft eher suutje angehen. Doch wehe, wenn sie losgelassen. Wenn erst die Nuckelflasche gegen das obligatorische Beck's, Hemelinger oder Haake getauscht ist – an dem mit mindestens ebenso viel Freude genuckelt wird –, wenn Wein beim Weinfest, Grog bei Schmuddelwetter oder Feuerwasser nach Belieben den Brasilianer im Bremer wecken … Ist das hanseatische Blut erst in Wallung, dann erschallt er: der ekstatische Gesang der Bremer aus feucht-fröhlichen Kehlen. Ob im Ratskeller oder auf den Rängen des Weserstadions, ob in Walle oder Syke, in Izmir oder Shanghai, buten oder binnen. Weltweit wird, mit Bremen im Herzen, der Wonne Ausdruck verliehen, leben zu dürfen, kein Hamburger sein zu müssen, glücksbeseelt meist aufrecht, mal schwankend seinen Weg gehen zu können. Der Feier des Lebens (und dem Alkohol) ist dieses kleine, vielleicht nicht immer ganz bierernste Büchlein gewidmet.

Darauf einen Toast! Prost!

Nackter Zecher

Wie der Bremer an sich sind auch die bremische Bürgerschaft und der bremische Senat für ihren bescheidenen, unprätentiösen Stil und ihre karge, allseits gerühmte Haushaltsdisziplin bekannt. Und damit sich auch künftige Generationen ein Beispiel nehmen können, haben die Bremer die hanseatischen Tugenden nicht nur sprichwörtlich in Stein gemeißelt. An der Rathausfassade, direkt über den Arkaden, wird nun schon seit Jahrhunderten an Gerechtigkeit, Treue, Hoffnung, Liebe, Geduld, Weisheit und Mäßigung appelliert, allerdings nicht in staubtrockenem Juristendeutsch, sondern allegorisch in Gestalt üppiger nackter Damen und, zumindest teilweise, durchtrainierter junger Männer mit Sixpack (gemeint ist nicht der praktische Bierträger) und intelligentem Blick. Ein Vorbild für die Bürokraten in aller Welt.

Barbusig wird dort etwa die Geduld gezeigt. Die lockige Sanftmut liebkost leicht bekleidet ein Lämmchen, während sie gelassen auf der wilden Wut thront, die eine Löwenmähne trägt. Allerliebst auch eine Frau, die den Bremer Schlüssel präsentiert, während sie dem Betrachter den Allerwertesten zeigt. Wie erschreckend kommt da die Enthaltsamkeit daher, die im fünften Rathausbogen auf einem sich übergebenden nackten Trinker sitzt, während sie einen Weinkelch mit Wasser füllt. Den gemeinen Besucher des darunterliegenden Ratskellers wird das allerdings nicht weiter anfechten. Die verstörende Darstellung befindet sich in fünf Metern Höhe. Ohne Nackenstarre geht da gar nichts. Und wer Durst hat, der interessiert sich für so etwas ohnehin nicht.

Wer als Wein- und Weiberhasser
jedermann im Wege steht,
der esse Brot und trinke Wasser,
bis er daran zugrunde geht.

Wilhelm Busch (1832–1908),
deutscher Dichter

Der Seidl

Über den »Seidel«, also den Weinkelch, der das Neue Rathaus am Übergang zwischen Domshof und Markt gut sichtbar ziert, wundern sich weder vorübereilende Bremer noch aufmerksame Gäste der Stadt: ein freundliches Wegezeichen, das die Nähe des Ratskellers anzeigt – das muss es sein. Doch weit gefehlt! Erbaut worden ist das Neue Rathaus – peinlich, peinlich – ausgerechnet von einem Münchener Architekten, einem gewissen Gabriel von Seidl. Und zwar – ebenso peinlich – unter Verwendung von ausgerechnet bayerischem Muschelkalk. Immerhin hatte es sich bei ihm um den wohl ersten (und letzten) bayerischen »Grünen« gehandelt, der sogar an der Gründung des Isartalvereins beteiligt war. Das tut zwar eigentlich nichts zur Sache, sei hier aber trotzdem mal erwähnt.

Um seine Urheberschaft am Neuen Rathaus in Bremen zu dokumentieren, hat sich Gabriel von Seidl aufgrund seines Namens jedenfalls eines – na, was wohl? – Seidels bedient. Und, Ehre, wem Ehre gebührt: Er hat seine Aufgabe schließlich genial gelöst. Im Gegensatz zum Bürgerschaftsgebäude ist das Neue Rathaus noch niemals als Fremdkörper empfunden worden. Es fügt sich harmonisch ins Gesamtensemble ein, ohne dem wunderschönen Alten Rathaus die Show zu stehlen. Mit ein Grund dafür, dass der gesamte Komplex 2004 zum UNESCO-Weltkulturerbe erklärt wurde.

Als der Bau im Jahr 1913 fertiggestellt worden war, konnte der schwer kranke Architekt von Seidl sein Meisterwerk traurigerweise nicht mehr besichtigen. Bremen schickte ihm daraufhin einen Ehrenkranz, was ihn wiederum bewog, noch kurz vor seinem Tod eine Grußbotschaft zurückzusenden: »Hoch lebe Bremen und der großartige und doch so feine Geist, der es belebt!« Ob er damit den Weingeist des Ratskellers meinte, ist allerdings nicht überliefert.

Füllet den Becher mit köstlichem Wein;
es wachse die Freude,
es schwinde die Pein.

Francesco Maria Piave (1810–1876),
italienischer Librettist

Molligste Gemütlichkeit

Das Oktoberfest – es hat auf den ersten Blick so gar nichts mit Bremen gemeinsam. Doch die Bayern sollten sich an dieser Stelle ein wenig zurücknehmen, ehe sie lauthals ihr »Mia san mia« verkünden und als Ausdruck ihrer urbayerischen Gemütlichkeit beschwingt singen:

Ein Prosit, ein Prosit
der Gemütlichkeit,
ein Prosit, ein Prosit
der Gemütlichkeit!
Schenkt ein, trinkt aus,
schenkt ein, trinkt aus!

Dieser Gassenhauer wird nirgends mit so viel Begeisterung gesungen wie in den Bierzelten des Münchener Oktoberfests: »Ein Prosit der Gemütlichkeit« – die Nummer 1 der Ohrwürmer.

Die stämmigen Männer in ihren kurzen Krachledernen und die ebenso stämmigen Frauen in ihren offenherzigen, feschen Dirndln dort drehen schon bei den ersten Klängen durch und können den Text sogar im schwersten alkoholischen Delirium fast fehlerfrei mitgrölen:

»Ach wie schön ist doch das Leben,
wenn es schmückt Gemütlichkeit!
Lasst die Stimmen uns erheben,
dass man hört es weit und breit:
Mit Sing und Sang,
mit Kling und Klang:
ein Prosit, ein Prosit
der Gemütlichkeit!«

Der amerikanische Schriftsteller Thomas Wolfe hat die Stimmung in seiner Erzählung »Oktoberfest« von 1928 begeistert eingefangen, wobei ihm zugutegehalten werden muss, dass er den fast 800 Jahre älteren Freimarkt nicht kannte. Sonst hätte er das Oktoberfest sicherlich als müden Abklatsch empfunden. So aber schrieb er:

»Im Nu waren auch wir alle eingehakt, im Takt schunkelnd, schwankend, singend, […] indes die Kapelle ›Ein Prosit‹ spielte… Nun waren alle Dämme gebrochen, hochrot und glücklich einander zulächelnd, fielen wir, als das Stück zu Ende war, mit unseren eigenen Jubelrufen in das laute zustimmende Gegröle der Menge ein. Dann setzten wir uns lachend, strahlend und schwatzend wieder. Und nun gab es keine Fremdheit mehr, es gab keine Barrieren mehr, wir tranken und schwatzten und aßen zusammen, ich leerte Liter um Liter des kalten und berauschenden Bieres, seine Nebel stiegen mir zu Kopf. Ich war euphorisch und glücklich.«

Was muss das für ein Lied sein, das eine so magische Wirkung zu entfalten vermag? Es muss den Bayern auf den haxen- und biergefüllten Leib geschneidert worden sein, wahrscheinlich von einem gemütlichen Urbayern mit Wadenwärmern, Krachlederner, Gamsbart und kariertem Schnupftuch.
Und nun die Überraschung: Hinter diesem Lied steckt ein waschechter Hanseat, der Bremer Georg Kunoth, der das Lied Ende des 19. Jahrhunderts komponierte.
Bevor es seinen Siegeszug auf dem Oktoberfest antreten konnte, war es bereits erfolgreich in der Weserlust, den Wallanlagen, im Kaffeehaus am Emmasee und im Tivoli-Garten erprobt worden. Gefühlsduselig endet es:

»Woll'n die Sorgen euch erbeuten,
packt euch Kummer, packt euch Leid,
dann kommt schleunigst zu uns Leuten
molligster Gemütlichkeit!
Mit Sing und Sang,
mit Kling und Klang:
ein Prosit, ein Prosit der Gemütlichkeit!«

Es heißt, auch die Bremerinnen und Bremer hätten das Lied – für norddeutsche Verhältnisse – begeistert aufgenommen. Mehr noch, sie hätten getobt. Einer soll sogar die Melodie mitgesummt haben, wenn auch nur sehr leise. Doch ob das wirklich wahr ist? Vermutlich wird Alkohol im Spiel gewesen sein. Und nicht nur von die-

sem einen Fall wird berichtet. In der Weserlust soll jemand nach dem Lied frenetisch geklatscht haben, was von den anderen Gästen, von einem Stirnrunzeln abgesehen, natürlich höflich ignoriert wurde. Es kann sich dabei schließlich auch um einen Zugereisten gehandelt haben. Da sind die Bremer mitunter nachsichtiger.
Der überzeugte Bremer Georg Kunoth war eine kreative Persönlichkeit. Er schrieb nicht nur Gedichte und kleinere Geschichten, sondern komponierte eine Vielzahl von Liedern sowie eine Musikoper mit dem Titel »Frau Holle«. Durch die Vertonung des 1870 entstandenen Gedichts »Der Bremer Schlüssel« von Hermann Frese schuf er, von seinen Zeitgenossen unbeachtet und heute fast vergessen, quasi eine (inoffizielle) Bremen-Hymne. Und er engagierte sich in der Bremer Bürgerschaft. Hauptberuflich war er von 1895 bis 1899 Lokalredakteur bei den Bremer Nachrichten und anschließend, bis zum Jahr 1927, sogar deren Chefredakteur. Und er hat bremisches Gut auf das urbayrische Oktoberfest und von dort in die ganze Welt gebracht. In Anbetracht dieser Tatsache ist man mit dem alljährlichen Aufbau des Bayernzelts auf dem Bremer Freimarkt doch beinahe versöhnt.

Eine Stadt ohnegleichen

Der Bremer Ratskeller, er ist etwas ganz Besonderes! Das ist natürlich auch den großen Dichtern nicht verborgen geblieben. So lässt etwa Thomas Mann in seinem »Tristan« ausführen:

»[...] Sie wurden in Bremen geboren?« Und diese Frage tat er beinahe tonlos, mit einem ehrfurchtsvollen und inhaltsschweren Ausdruck, als sei Bremen eine Stadt ohnegleichen, eine Stadt voller unnennbarer Abenteuer und verschwiegener Schönheiten, in der geboren zu sein, eine geheimnisvolle Hoheit verleihe.
»Ja, denken Sie!« sagte sie unwillkürlich. »Ich bin aus Bremen.«
»Ich war einmal dort«, bemerkte er nachdenklich. – »Mein Gott, Sie waren auch dort? Nein, hören Sie, Herr Spinell, zwischen Tunis und Spitzbergen haben Sie, glaube ich, alles gesehen!«
»Ja, ich war einmal dort«, wiederholte er. »Ein paar kurze Abendstunden. Ich entsinne mich einer alten, schmalen Straße, über deren Gipfeln schief und seltsam der Mond stand. Dann war ich in einem Keller, in dem es nach Wein und Moder roch. Das ist eine durchdringende Erinnerung [...]«
»Wirklich? Wo mag das gewesen sein? [...]«

Ein trunkner Dichter leerte

sein Glas auf jeden Zug;

ihn warnte sein Gefährte:

Hör auf! Du hast genug.

Bereit, vom Stuhl zu sinken,

sprach der: Du bist nicht klug;

z u v i e l kann man wohl trinken,

doch nie trinkt man g e n u g.

Gotthold Ephraim Lessing (1729–1781),
deutscher Dichter

Schätzchen

Besonders edle Weine benannte man früher nach der Königin der Blumen, der Rose. So wird auch der berühmte Rüdesheimer des Jahrgangs 1653 im Rosekeller des Ratskellers gelagert. Nicht einmal elektrisches Licht wird darin geduldet.
Neben dem Rosewein hat auch die »Schatzkammer« des Ratskellers dazu beigetragen, dass Bremen zur Weinhochburg Deutschlands avanciert ist. Gesichert durch ein schmiedeeisernes Gitter, darf dieser Raum nur vom Kellermeister höchstselbst betreten werden. In ihm werden rund 6.500 Weinflaschen gehortet, die die vergangenen und der akuelle Kellermeister als herausragend ansahen. Damit das Etikett keinen Schaden nimmt, sind sie in Zellophanfolie eingewickelt. Das klingt womöglich gar nicht so ungewöhnlich, doch der Wert der Flaschen ist unermesslich. Viele warten mit Besonderheiten auf. Zu sehen ist etwa ein Spätburgunder von 1992, der sagenhafte 283 Öchslegrad* aufweist. Weltrekord!

Alter ist irrelevant,
es sei denn, du bist eine Flasche Wein.

*Joan Collins (*1933),*
britische Schauspielerin

Schade,

dass man einen Wein nicht streicheln kann.

Kurt Tucholsky (1890–1935),
deutscher Schriftsteller

*Ob Christian Ferdinand Oechsle (1774–1852) jemals in Bremen war, ist nicht bekannt. Dennoch ist der Herr durch besagten Weltrekord höchsten Grades mit dem Ratskeller verbunden. Der oder das Öchslegrad (auch Oechslegrad oder Grad Oechsle) dient übrigens der Bestimmung des Zuckergehalts des Mostsafts. Der wiederum sagt etwas über die Qualität des Weins und seinen späteren Alkoholgehalt aus. Gemessen wird der Öchslegrad anhand des Winkels der Brechung des Lichteinfalls durch die Zuckermoleküle. Faszinierend!

Lügner, Depp, Eulenspiegel?

Bremen könnte mit seinen Pfunden wuchern. Doch sowas ist unfein und der schönsten aller Hansestädte nicht würdig. So tritt nur zögerlich zutage, was diese Stadt so einzigartig macht. Dazu gehört auch der älteste Fasswein Deutschlands (und einer der ältesten weltweit), der im Bremer Ratskeller lagert.
Ein Rüdesheimer des Jahres 1653 ist es, der in einem riesigen, nur von Kerzenschein beleuchteten Fass unter dem Bildnis einer Rose gelagert wird. Davon bekam im September 2013 auch ein steinreicher Chinese namens Luang Nubo Wind, der sich so begeistert zeigte, dass er unbedingt eine Flasche davon haben wollte, koste es, was es wolle.
Der Ratskellermeister Karl-Josef Krötz, ein bedächtiger Mann, bekam Schweißperlen auf der Stirn. Vor Jahren war einmal ermittelt worden, dass 0,1 Liter des einmaligen Tropfens 20.000 Euro kosten würden. Für eine normale Weinflasche mit 0,75 Litern wären demnach 150.000 Euro zu zahlen.
»Kein Problem«, so der weitgereiste Gast.

Nun war guter Rat teuer. Die pragmatischen Bremer stimmten in einer Abstimmung für den Verkauf. Der wackere Ratskellermeister zeigte sich zurückhaltender. Sollte er seinen guten Namen für den Ausverkauf kultureller Werte hergeben? Als willfähriger Vollstrecker des schnöden Mammons? Es war zum Verzweifeln.

Doch dann kam die Erlösung. »Kaufen?«, meldete sich der Milliardär aus China eines Tages zu Wort. »Für 150.000 Euro gar?« Nix da. Er sei doch kein Weinsammler. Krötz zeigte sich erleichtert, aber auch erschüttert. »Wie stehe ich denn jetzt da? Als Lügner, Depp, Eulenspiegel?« Nein, diese Sorge war unbegründet. Auch wenn hinter vorgehaltener Hand gemunkelt wurde, dass das ein unbezahlbarer PR-Erfolg für den Bremer Ratskeller gewesen war. Kaum eine Zeitung, die nicht darüber berichtet hatte. Der Ratskeller war wochenlang in aller Munde, genau wie der eine oder andere Tropfen der Ratskellerweine.

So hatte sich der Besuch des steinreichen Chinesen doch noch gelohnt.

Nur einen Fingerhut

Es gibt nur wenige Menschen, denen es vergönnt ist, vom »Rosewein« im Ratskeller – dem edlen Rüdesheimer aus dem Jahr 1653 – zu nippen. Ein undankbarer Chinese (siehe vorherige Seite) gehört jetzt nicht mehr dazu.

Die Bremer Bürgermeister dürften es theoretisch, haben aber von diesem Privileg schon sehr lange keinen Gebrauch mehr gemacht. Immerhin gilt es, den Schatz zu hüten, nicht zu vertilgen. So bleiben nur noch der Kellermeister als Oberwesir der funkelnden Tropfen und ausgewählte Gäste.

Einer dieser Gäste war die britische Königin Elizabeth II., die 1978 anlässlich eines Besuches in Bremen ungefragt einen Fingerhut eingeschenkt bekam. Ohne sich danach zu erkundigen, ob das Mindesthaltbarkeitsdatum des Weines womöglich geringfügig überschritten worden sein könnte, soll sie den vergorenen Traubensaft mit Todesverachtung runtergekippt haben. Vieles hatte sie in ihrem Leben schon erlebt, Bombennächte, bissige Corgis und schleimiges Porridge etwa, sie vermochte nichts mehr zu schocken. Keine Klage kam über ihre königlichen Lippen, nicht einmal ein klitzekleiner Seufzer. Ob sie »amused« war, lässt sich daher nicht sagen.

Hochkarätige Weinexperten mit roter Knollennase, die den alten Rüdesheimer natürlich nur vom Hörensagen kennen, überschlugen sich derweil mit Lobeshymnen:

»Rassig« schmecke er, ein wenig »nussig«, »fast wie alter Sherry«. Welcher Normalsterbliche mit einem Tetrapack Glühwein vom Discounter im Jutebeutel würde dem zu widersprechen wagen?
Und was sagt Ratskellermeister Karl-Josef Krötz dazu, der den Rüdesheimer im Jahr 1996 probieren durfte?
»Ein Aroma von Trockenfrüchten [...]. Ein Tropfen davon tapeziert Ihnen das ganze Maul aus.«
Na, wenn das nicht verlockend klingt. Vielleicht meldet sich daraufhin ja doch noch mal ein reicher Unternehmer aus dem Reich der Mitte oder ein Scheich aus dem Morgenland und zahlt ein Vermögen für einen ranzigen Wein, der entfernt nach Trockenobst schmeckt.

Wein ist Poesie in Flaschen.

Robert Louis Stevenson (1850–1894),
schottischer Schriftsteller

Als wäre es gestern gewesen

Der Ratskeller war schon immer ein Publikumsmagnet, der die trinkfreudigen Genießer aller Länder (magisch) anzog. An einem nicht näher übermittelten Tag des Jahres 1906 rettete sich der dänische Schriftsteller Karl Larsen vor einem Wolkenbruch in Bacchus' Welt. Die Stimmung, die ihn dort empfing, ist in seinem Werk »Poetische Reisen« eingefangen worden:

»Ein brodelnder Lärm von menschlichen Stimmen in einer Atmosphäre voll Geruch von gebratenen Speisen und vielen Kleidern stieg zu mir herauf. Auf der untersten Stufe musste ich einen Augenblick stehen bleiben. In einem überheißen, großen und gewölbten Raum, von Tabaksrauch durchnebelt, wimmelte es überall von Herren und Damen an kleinen Tischen. Kellner drückten sich halb laufend zwischen den Plätzen hin und her. Einige wenige Schritte von mir hatte sich ein dicker Herr erhoben und hielt einen Kellner am Rock fest. Der Herr schlug heftig mit den Armen aus, Mienen und Mund waren in eifrigster Bewegung, doch von dem, was er rief, war nicht ein einziger Laut zu vernehmen; dermaßen wurde alles von dem großen, allgemeinen Lärm aufgesogen. Und in einem Nu sah ich rund um mich her viele ähnliche, redende

Leute oder ganze Gruppen von Herren und Damen, die den Mund auf- und zumachten und Arme und Finger aufs eifrigste ausspreizten, ohne dass man nur den geringsten bestimmten Laut erfassen konnte. Einen Augenblick hatte ich den Eindruck, es seien eigentlich wohl lauter stumme Menschen, die bloß dasaßen und gestikulierten, während mächtige Schallwellen um sie her sich hoben und wieder sanken und in einer gewaltigen brüllenden Mühle zusammengemahlen wurden.«

Nur der Tabakrauch ist seit einigen Jahren aus den Räumen verschwunden. Ansonsten ist dem Text nicht anzumerken, dass er mehr als einhundert Jahre alt ist. Als wäre es erst gestern gewesen …

So geht es mit Tabak und Rum:
Erst bist du froh, dann fällst du um.

Wilhelm Busch (1832–1908),
deutscher Dichter

Das Reinheitsgebot von 1516

»Item Wir ordnen/setzen/unnd wöllen/mit Rathe unnser Lanndtschafft/das füran allennthalben in dem Fürstenthumb Bayrn/auff dem Lande/auch in unsern Stettn un Märckthen/da deßhalb hieuor kain sonndere ordnung ist/von Michaelis biß auff Georii/ain mass oder kopffpiers über ainen pfenning Müncher werung/un von sant Jorgentag/biß auff Michaelis/die mass über zwen pfenning derselben werung/und derenden der kopff ist/über drey haller/bey nachgesetzter Pene/nicht gegeben noch außgeschenckht sol werden. Wo auch ainer nit Mertzn/sonder annder Pier prawen/oder sonst haben würde/sol Er doch das/kainswegs höher/dann die maß umb ainen pfenning schencken/und verkauffen. Wir wöllen auch sonderlichen/das füran allenthalben in unsern Stetten/Märckthen/un auff dem Lannde/zu kainem Pier/merer Stückh/dan allain Gersten/Hopffen/un wasser/genommen un gepraucht sölle werdn. Welher aber dise unsere Ordnung wissentlich überfaren unnd nit hallten wurde/dem sol von seiner gerichtzöbrigkait/dasselbig vas Pier/zustraff unnachläßlich/so offt es geschicht/genommen werden. Jedoch wo ain Geuwirt von ainem Pierprewen in unnsern Stettn/Märckten/oder aufm lande/yezuezeitn ainen Emer piers/zwen oder drey/kauffen/und wider unntter den gemaynnen Pawrsvolck ausschenncken würde/dem

selben allain/aber sonnſt nyemandes/sol dye mass/oder der kopffpiers/umb ainen haller höher dann oben gesetzt ist/ze geben/un/außzeschencken erlaubt unnd unverpotn.«

Diese außerordentlich bürokratisch zu lesende Landesordnung wurde am 23. April 1516 durch die bayerischen Herzöge Wilhelm IV. und Ludwig X. in Ingolstadt erlassen und enthält Regelungen zum Preis und den zulässigen Inhaltsstoffen von Bier (»Pier«). Und es ist angeblich das älteste Lebensmittelgesetz der Welt.
Doch weit gefehlt. In Weißensee/Thüringen ist bereits 1998 eine Wirtshausordnung aus dem Jahr 1434 ausgegraben worden, die »Statutathaberna«, die unter Strafandrohung vorschreibt, dass zum Brauen von Bier nur »hophin, malcz und wasser« verwendet werden dürfen. Dumm gelaufen. Bayern schäumt.
Die Bremer Bierbrauer lässt dieser Streit indes kalt. In Bremen war und ist es eine Selbstverständlichkeit, dass Bier nur aus vier Bestandteilen besteht. Bei Beck's zum Beispiel aus:

- Wasser (Gletscherwasser aus einem 300 Meter tiefen Brunnen in der Rotenburger Rinne)
- Hefe (seit 1896 aus eigener Hefezucht)
- Hopfen (vor allem aus der Bayerischen Hallertau)
- Malz (Gerste)

Key Beer

Beck's Bier könnte bremisch durch und durch sein. Gegründet am 27. Juni 1873 vom Kaufmann Franz Gustav Thomas May, dem Unternehmer Lüder Rutenberg und dem Braumeister Heinrich Beck als »Kaiserbrauerei Beck & May oHG«, ist es weltweit gefragt. Und ursprünglich wollte man 1876 auch das Bremer Stadtwappen als Markenlogo verwenden. Doch das war dem Senat nicht recht, sodass der bremische Schlüssel seitenverkehrt dargestellt wurde. Mit dieser Lösung waren alle zufrieden – und die aufgeschlossenen Bremer stört es nicht, solange das Bier schmeckt. Zusammen mit dem Zusatz »Bremen/Germany« wird dieses Traditionslogo auch vom jetzigen Eigentümer beibehalten, ebenso wie das maritime Image. Der Großsegler »Alexander von Humboldt« mit seinen grünen Segeln hat, musikalisch untermalt von »Sail away«, gesungen von Hans Hartz und, einige Jahre später, Joe Cocker, weltweit für Aufmerksamkeit gesorgt.

Mittlerweile befindet sich die originale »Alexander von Humboldt« im aktiven Ruhestand, über die Weltmeere kreuzt jetzt ihre Nachfolgerin, die »Alexander von Humboldt II«. Die »alte Alex« von 1906 ist nun liebevoll zu einem Hotel- und Gastronomieschiff umgebaut worden. Nach einem Zwischenhalt im Bremer Europahafen liegt sie ab 2016 an der Schlachte. Und serviert wird dann ganz sicher auch Beck's.

Die letzten Mohikaner

Bernd, Buddy, Eddy, Glenn, Jubilar und Wotan hießen sie und waren zwischen 5 und 16 Jahren alt. Angeblich waren sie bundesweit die letzten, die noch im Einsatz waren. Ihre Vorgänger und sie waren begehrte Fotomotive in Bremen, während sie ihrer schweren Arbeit nachgingen; einem Job, den sie gern verrichteten. Und sie wurden geliebt. Obwohl sie alle etwas kauzige Typen waren.

Jubilar, für Fans auch »Jubi«, kuschelte für sein Leben gern. »Wenn du mit dem anfängst zu schmusen, schaffst du nichts mehr«, sagte sein »Betreuer« Jens Bode in einem Interview liebevoll. Und: »Wotan mag nicht duschen und Buddy ist ein dienstbeflissener Kraftprotz.« Lieb seien sie aber alle sehr, auch wenn Bernd bei Begegnungen mit Baggern sofort mit den Hufen scharre.

Das waren sie, die wohl letzten Brauereipferde Deutschlands. Dem Stallmeister Bode war anzumerken, dass ihm der Abschied von den Wallachen, »Alt-Oldenburger« mit einem Gardemaß von stolzen 1,80 Metern, schwerfiel.

Am 31. März 2005 sind sie zuletzt beim Ausliefern der Bierfässer in der Bremer Innenstadt gesehen worden. Die »Kostensituation« sei entscheidend gewesen, so eine Unternehmenssprecherin. Das belgisch-brasilianische Unternehmen InBev hatte die Brauerei Beck & Co. drei Jahre zuvor für 1,8 Milliarden Euro übernommen. Wer den Cent nicht ehrt …

Ammenbier für gestandene Seebären

Seefahrt war (und ist), pardon, nichts für Weicheier. Früher mussten die Seeleute oft monatelang unter erbärmlichsten hygienischen Bedingungen auf einem schwankenden Segelschiff verbringen und Schwerstarbeit verrichten. Um den kraftraubenden Anforderungen gewachsen zu sein, wurde ihnen während der großen Fahrt oder bei Krankheit ein kraftspendendes alkoholfreies Bier verabreicht, das angeblich Wunder wirkte.

Vor allem sollte es helfen, Mangelernährung zu vermeiden, die dadurch entstand, dass es an entsprechenden Kühlmöglichkeiten fehlte. Leicht verderbliche Nahrung wie Obst oder frisches Gemüse gab es gerade auf längeren Fahrten nicht. Stattdessen musste sich der Smutje mit gepökelter, getrockneter, geräucherter oder eingelegter Nahrung behelfen, sodass Skorbut und Beriberi an der Tagesordnung waren. Die Haut der Seeleute wurde spröde, Haare und Zähne fielen aus, Knochen brachen wie trockenes Holz. Dagegen sollte das vitaminreiche Bier helfen. Mit der mitunter aufkommenden Langeweile, wenn man zum Beispiel mal wieder in einer Flaute festhing, musste man dagegen anderweitig fertig werden. Denn für feucht-fröhliche Feiern taugte das Bier nicht nur wegen der mangelnden Umdrehungen nicht.

Es heißt, dass das Bier eine geschmackliche Katastrophe war (und ist). Es soll dickflüssig und klebrig gewesen sein, geradeso, als würde eine große Tüte Malzbonbons in einem winzigen Wasserglas aufgelöst werden.
Ausgerechnet dieses Bier wird aber seit dem 16. Jahrhundert auf der Bremer Schaffermahlzeit zwischen Stockfisch und Braunkohl serviert. Das heißt, dass es nicht nur den etwa zweihundert Kapitänen und Bremer Kaufleuten kredenzt wird, die wahrlich nichts mehr schocken kann, sondern auch den rund einhundert Prominenten aus Politik, Wirtschaft, Kultur und Wissenschaft.
Doch auch, wenn die Gesichtszüge der Gäste beim ersten Schluck der klebrigen Flüssigkeit entgleiten sollten – zumal sie sich einen Krug teilen müssen – schweißen solche gemeinsamen Erlebnisse zusammen.
Immerhin können sich Honoratioren, während der Trinkspruch »Backbord, Steuerbord, Mittschiffs, Prost« ertönt, sicher sein, nur einmal im Leben in diesen »Genuss« zu kommen, das sorgt für Dankbarkeit. Nur Theodor Heuss hatte sich bei dieser Annahme geirrt. Ihm wurde diese Ehre durch ein Versehen Wilhelm Kaisens gleich zweimal zuteil. Na Prost!
Zu kaufen gibt es die klebrige Flüssigkeit, auch »Seefahrtsbier« genannt, übrigens nicht – wieso auch. Vielmehr schmeißen die Brauer von Beck & Co. eigens einen Kessel an, um für die Schaffermahlzeit im Februar eines jeden Jahres exklusiv ganze fünf Kisten der sämigen Flüssigkeit zu produzieren. Die Rezeptur ist geheim und

stammt aus dem Jahr 1554. Bekannt ist lediglich, dass wie beim normalen Bier auch Gerstenmalz gemaischt und in einer Sudpfanne zum Köcheln gebracht wird, allerdings vier- bis fünfmal so lange wie beim Pils. Auf die Gärung wird völlig verzichtet. Stattdessen wird die zähe Flüssigkeit anschließend gründlich gefiltert und in 120 Flaschen mit altmodischen Etiketten gefüllt. Fertig. Um die Qualität des Bieres zu überprüfen, soll es früher über eine Bank gegossen worden sein. Blieb der Brauer mit seiner Lederhose daran kleben, war es in Ordnung. Das Bier wird den Schaffern traditionell von der Brauerei gestiftet. Daran hält auch der Weltkonzern Anheuser-Busch Inbev fest – aus Überzeugung, wie es heißt.
Das passt natürlich zum Grundkonzept der Veranstaltung, bei der alles immer sein muss, wie es immer war. Das Seefahrtsbier hat dabei sogar einen eigenen Punkt in der immer gleichen Abfolge des fünfstündigen Sechs-Gänge-Menüs:

1. Gang: Bremer Hühnersuppe
2. Gang: Seefahrtsbier
3. Gang: Stockfisch, Senfsauce, Salzkartoffeln
4. Gang: Braunkohl, Pinkel, Rauchfleisch, Maronen, Bratkartoffeln
5. Gang: Kalbsbraten, Selleriesalat, Katharinenpflaumen, gedämpfte Äpfel
6. Gang: Rigaer Butt, Sardellen, Wurst, Zunge, Käse, Fruchtkorb

Das klebrige Getränk galt in früheren Zeiten übrigens nicht nur als »Seefahrtsbier«, sondern auch als »Ammenbier«. Es stand in dem Ruf, die Milchbildung bei jungen Müttern zu fördern. Aber das brauchen die Honoratioren ja nicht unbedingt zu wissen. Sie haben bereits so genug zu ertragen.

[...] wir haben keine Zeit mehr für weitere Suche und Überlegungen; unsere Lebensmittel gehen zur Neige, besonders unsere Biervorräte.

aus dem Logbuch der Mayflower, 1620

Der Fänger im Hopfen

Bier aus Bremen? Das ist nicht nur Beck's! Denn da gibt es etwas, das sich zusehends auch in Deutschland etabliert, das gewissermaßen aus den USA zurückschwappt: das liebevoll gebraute Bier aus der Nachbarschaft, aus der Region. Das Bier, das nicht der Retorte entstammt, sondern das mit Pioniergeist, Kreativität und Liebe kraftvoll »gecrafted« wird, das Bier, das mit viel Handwerkskunst hergestellt und neudeutsch »Craft Bier« genannt wird.

»Craft« heißt dabei genau das: »Handwerk«, »Kunst«, »Zunft«. Und der Name ist hier Programm. Steuerlich begünstigt, wollen Individualisten eine Rückbesinnung, fort vom industriellen Einheitsbier, hin zum geschmacksintensiven, von Hand gebrauten Bier.

In den USA ist die Idee voll eingeschlagen. Es heißt, der Marktanteil von Craft Bier betrage dort schon satte 8 Prozent, und auch in Deutschland scheint die Idee eine Eigendynamik zu entfalten, die vor einigen Jahren noch völlig undenkbar gewesen wäre. Auch hier gab und gibt es Kleinstbrauereien, wenngleich die meisten davon im Süden. In Bremen aber blickt man zwar auf eine tausendjährige und durchaus vielfältige Biertradition zurück – aber vom Weserufer der Innenstadt auch immer auf den Großkonzern in Sachen Bier.

Die ambitionierte Bremer Biermanufaktur weist auch darum begeistert darauf hin, dass Bier nicht nur aus Pils und Export besteht, sondern zu den legendären »Breemschen Bieren« seit dem 11. Jahrhundert auch Rotbier, Witbier, Braunbier, Haferbier und später auch Porter und Ale gehörten, die wegen ihrer außerordentlichen Qualität in ganz Nordeuropa geschätzt wurden. Offenbar haben die Manufakturisten große Pläne.
Außerdem wollen sie auch andere Bierliebhaber ermutigen, zu Hause ihr eigenes Bier zu brauen, wie dies in den USA in 3.000 »Homebreweries« bereits üblich ist. Dazu werden auch Seminare abgehalten.
Das erklärte Ziel des Gründers aus Findorff mit dem allzu passenden Namen Markus Freybier sind Biere, die besonders aromatisch sind. Diese sollen unter der Bezeichnung »Hopfenfänger« für Furore sorgen. Ein Name, für den Salingers »Der Fänger im Roggen« Pate stand.
Und auch andere Pioniere wollen Craft-Bier brauen oder tun dies bereits mit Begeisterung. In Walle beispielsweise soll die alte Union-Brauerei unter der Devise »Die Zukunft liegt auch in der Vergangenheit« nach fünfzig Jahren wieder mit Leben und Bier erfüllt werden.
Tobias Grebhan braut Kleinstmengen hochwertigen Biers mit dem Namen »Grebhan's« in der Straße Hinter

der Balge im Schnoor und der Achterdieker Bierverlach seit 2015 das Pilsener »Ahoi 69«.
Nicht ganz so neu ist eine weitere Brauerei mitten in der Innenstadt: »Schüttinger« stellt nun schon seit 1990 mit einer Gasthausbrauerei erfolgreich unter Beweis, dass es sich in dieser Nische gut leben lässt, ähnlich wie das St. Magnus Bräu, das es vergleichbar lange gibt und das sich selbst als kleinste Brauerei Bremens bezeichnet. Der Blick in die bremischen Braukessel beweist: Die Vielfalt und die Nachfrage sind sogar in »Beck's-City« groß. Und der Durst natürlich auch!

Ebenfalls, so schäumet hier,
geist- und fantasieanregend,
holder Bock, das beste Bier.

Heinrich Heine (1797–1856),
deutscher Dichter

Bremer Bier g.g.A.

Drei mysteriöse Buchstaben … Stehen sie womöglich für »großartig gebrauter Alkohol« oder gar für »garantiert guter Alkoholgenuss«? So naheliegend diese Annahmen auch sind, ist die Wahrheit weit weniger euphorisch: Das »Bremer Bier« ist (genau wie der »Bremer Klaben«) seit der entsprechenden Verkündung in Artikel 17 der Verordnung 2081/92 Amtsbl. Nr. L 202 vom 18.07.1998 eine »geschützte geografische Angabe«.

Das ist sehr verständlich, denn wer Bremer Bier kauft, möchte ja auch sicher sein, dass es aus Bremen kommt – und nicht etwa aus Zwiesel oder, schlimmer noch, aus Hamburg. Denn unser Bremer Bier ist eben doch einfach großartig gebrauter Alkohol!*

*Und wieder einmal zeigt sich, wie ernüchternd die Wahrheit mitunter ist. Denn das Güterzeichen der EU-Kommission (g.g.A.) besagt mitnichten, dass das entsprechende Bier durch und durch Bremer ist, sondern nur, dass »mindestens eine der Produktionsstufen, Erzeugung, Verarbeitung oder Herstellung, in einem bestimmten Herkunftsgebiet stattfindet.«

Immerhin hatte das »Bremer Bier« schon im Mittelalter einen international ausgesprochen guten Ruf. Und immerhin ist wenigstens der Begriff schützenswert – davon können Hamburger Brauer nur träumen!

Trendsetter

Betrunkene gehörten dereinst sogar noch mehr als heute bereits früh am Tage zum Straßenbild. Der Grund: Das Vertrauen in die Qualität des Brunnen- und Weserwassers war (zu Recht) gering. Wein und Bier waren unverdächtiger als das ungenießbare Bremer Trinkwasser. So wurde schon frühmorgens Alkohol getrunken. Zusätzlich gab es zum Frühstück nicht selten eine kräftige Porter-Biersuppe. Es war also höchste Zeit für ein anderes Frühstücksgetränk!

So kam es gerade recht, dass der Niederländer Jan Jahns van Huisten um eine Konzession bat, das Kolonialgetränk Kaffee in Bremen ausschenken zu dürfen. Am 23. August 1673 genehmigte der Rat das erste Kaffeehaus Deutschlands – übrigens sogar noch vor der Kaffeehaushauptstadt Wien. Da das Wasser dazu abgekocht werden musste, erhoffte sich der Rat eine hygienische Alternative zum Alkohol. Doch leider ging die Rechnung nicht auf. Die Gäste des Kaffeehauses fanden Gefallen daran, den Kaffee mit Branntwein zu verfeinern. Und weil es so schön war, gammelten Jugendliche stundenlang in der Kaffeestube herum, sodass sich der Bremer Rat schließlich gar beklagte:

»Weil auch die sogenannte Kaffeestube eine Zeit hero nachmittags bis in die tiefe Nacht mit lauter lustigen Burschen besetzt worden, welche die edle und kostbare

Zeit mit anders nichts als Karten- und Würfelspiel verderben, so wäre eine solche junge eitle Gesellschaft billig abzuweisen – und die sogenannte Kaffeestube gleich vor diesem für ehrbare Bürger, Kaufleute, Schiffer und dergleichen frei offen zu bewahren.«

Wo sich das 1673 eröffnete erste Kaffeehaus Deutschlands genau befand, ist nicht bekannt. Sicher ist nur, dass die Kaffeestube spätestens seit 1679 im Schütting ansässig war, vielleicht auch, um den »ehrbaren Bürgern, Kaufleuten, Schiffern und dergleichen« die Nutzung zu erleichtern. Dabei muss allerdings eingeräumt werden, dass das Haus der Kaufleute damals alles andere als eine gute Adresse war. Im Schütting gab es außer Armenwohnungen, Viehställen und einer Waffenkammer sogar eine Gefängniszelle. Fein war etwas anderes.
Der Siegeszug des Kaffees war dennoch nicht mehr aufzuhalten. Jedenfalls gab es sehr bald kaum noch jemanden, der bereits zum Frühstück eine Biersuppe schlürfte. 1867 wurde am Emmasee im Bürgerpark ein weiteres Kaffeehaus gebaut, das schon wenig später zu klein für die Besuchermassen wurde, sodass es nur dreißig Jahre später durch ein neues Kaffeehaus mit 3.000 Innen- und Außenplätzen ersetzt wurde. Im Zweiten Weltkrieg fiel es den Bomben zum Opfer. Doch 1963 wurde an gleicher Stelle ein neues Kaffeehaus errichtet, das seit seiner

Renovierung als Restaurant mit dem Namen »emma am see« fortgeführt wird und unter Denkmalschutz steht.
Der Kaffeedurst ist nicht nur dort immer noch ungebändigt. Nationale und internationale Kaffee-Ketten wie McCafé (McDonald's), Tchibo, Starbucks, Segafredo, Coffee fellows, Chicco di caffè, Gastro Kanne, Caffè Dalucci oder Lavazza tummeln sich auf dem Markt und können sich vor Kundschaft kaum retten.
Auch an Bremen geht dieser Trend nicht vorbei. Und das ist nur konsequent, weil Bremen ja schon immer Kaffeemetropole war. So ist es auch kein Zufall, dass sich in Bremen und umzu vier der größten Kaffeeröstereien Deutschlands befinden.
Und außerdem lässt sich auch Kaffee mit nur wenigen Handgriffen (Flasche auf, ggf. abmessen, rein in den Kaffee) verfeinern. Im Norden trinkt man beispielsweise gern auch mal ein Käffchen mit Rum und Schlagsahne (Pharisäer), mit Korn und Zucker (Schwarten oder Schwatten), mit Eierlikör, Schlagsahne und Schokostreuseln (holländischer Kaffee) oder einfach gleich einen kleinen Kaffeelikör.

Coffee

Ei wie schmeckt der **Coffee** *süße,*

lieblicher als tausend Küsse,

milder als Muskatenwein.

Coffee, Coffee muß ich haben,

und wenn jemand mich will laben,

ach, so schenkt mir Coffee ein.

Christian Friedrich Henrici,
genannt »Picander«, (1700–1764),
deutscher Textdichter
(aus dem Libretto zur »Kaffeekantate«
von Johann Sebastian Bach)

Erdener Treppchen

Man mag es auf den ersten Blick nicht vermuten, aber Bremen hat durchaus alpine Facetten. Zugegeben: Der höchste Berg der Hansestadt ist, etwas unrühmlich, die Mülldeponie im Blockland mit berauschenden 49 Metern. Die höchste natürliche Erhebung befindet sich im Friedehorstpark in Burglesum und weist immerhin noch stattliche 32,5 Meter auf. Und auch wer den Bremer Dom erreichen will, muss stolze 10,5 Meter erklimmen, nur getoppt durch das Polizeihaus am Wall, das 14,4 Meter hoch liegt. Die Alm von Bremen gewissermaßen.

Die Vorliebe der Bremer für Berge ist zumindest auffallend. Der Bremer Alpenverein erfreut sich traditionell großer Beliebtheit und der Bremer Ski-Club macht sich seit 1922 um den Wintersport verdient, obwohl die Abfahrtsmöglichkeiten im kleinsten Bundesland überschaubar sind. Doch was viele nicht wissen: Bremen nennt sogar einen Weinberg sein eigen. Und der befindet sich nicht irgendwo, sondern in der Spitzenlage »Erdener Treppchen« an der Mittelmosel. Gepachtet wurde er vom Bremer Ratskeller, der zu 100 Prozent dem Bremer Staat gehört, um eigenen Wein zu produzieren, der sich von dem anderer Länder (wie denen des umgebenden Rheinland-Pfalz) durch seine Leichtigkeit, Spritzigkeit und Fruchtigkeit unterscheidet. Sicherlich auch ein Grund dafür, warum sich der Ratskeller traditionell

auf deutsche Weine spezialisiert hat. Und das früher sogar so sehr, dass sich folgende Situation ergab:
Einst weilte Kaiser Wilhelm II. mal wieder in Bremen und nahm gewohnheitsgemäß sein Frühstück im damaligen Bacchussaal, dem späteren Kaisersaal, ein. Da ihm noch nicht der Sinn nach unverdünntem Wein stand, bat er den Ratsdiener Schumacher um ein Glas Wasser. Dieser wurde bleich und stammelte: »Wasser, Majestät? Wasser haben wir hier nicht.«
Immerhin Anlass für den Ratskeller, fortan nicht nur Wein, sondern auch Wasser bereitzuhalten. Im Jahr 1904 wurde eine Bestellung von 2.323 Flaschen Selterswasser aufgegeben, für insgesamt 768,21 Mark.
Daneben bietet der Bremer Ratskeller rund 650 Weinsorten an und verfügt damit über das weltweit größte Sortiment ausschließlich deutscher Weine.

Wein ist wunderbar.

Vor allem, wenn das Bier schon alle ist.

*Otto Waalkes (*1948), deutscher Komiker, anlässlich der Übernahme einer Patenschaft für eine Rebe am Prominenten-Weinberg in Mainz*

Pahlgruber & Söhne

Loriot hat während seiner Bremer Zeit Maßstäbe gesetzt. Ein Klassiker war und ist der Sketch, in dem Mutter Hoppenstedt gleich von drei Vertretern heimgesucht wird. Zuerst nimmt der Weinvertreter Blümel in ihrem Wohnzimmer Platz und bietet ihr verschiedene Weine von zweifelhafter Qualität (»abgezapft und original verkorkt von Pahlgruber & Söhne«) zum Verkosten an. Während er selbst sein bester Kunde ist, erscheint Staubsaugervertreter Jürgens, der grandios an der Bedienung seines eigenen Produkts scheitert (»Es saugt und bläst der Heinzelmann, wo Mutti sonst nur saugen kann.«) und die Weinproben Blümels ebenso intensiv kostet wie der hinzukommende Versicherungsvertreter Schober als Dritter im Bunde.

Allmählich entfaltet der Alkohol die ihm zugedachte Wirkung. Die Stimmung wird zusehends lockerer, die Zungen gelöster. Blümel preist seine Weine eigenwillig als »abgezapft und original verkorkst« an, während sich Mutter Hoppenstedt zunehmend verstanden fühlt (»Auch ich als Frau habe Anspruch darauf, ein Glied zu sein … in der Gesellschaft«). Kind Dicki nutzt die Zeit, um einem nicht eben kindgerechten Advent-Gedicht im Fernsehen zu lauschen – bis Vater Hoppenstedts Heimkehr dem Treiben ein Ende setzt.

Doch nicht nur dieser Sketch ist unvergessen, auch die von Blümel angepriesenen und ausgiebig gekosteten

Weine »leben«. Ob »Klöbener Krötenpfuhl oder »Hupfheimer Jungferngärtchen« – »von deutschen Sonnenhügeln frisch auf den Tisch« erfreuen diese Köstlichkeiten nicht nur Weinfreunde, sondern auch das Deutsche Rote Kreuz Bremen. Diese speziellen Sorten werden vom Cusanus-Hofgut, dem weltweit einzigen Weingut des DRK, an der Mosel erzeugt und abgefüllt. Der Erlös fließt in die ehrenamtliche Arbeit der Organisation.

Selbstverständlich ist auch die »Oberföhringer Vogelspinne« erhältlich, obwohl Evelyn Hamann, sorry, Mutter Hoppenstedt beim Verkosten »so ein pelziges Gefühl« auf der Zunge verspürt haben will. Doch die Qualität soll gut sein, versichert Julius Kalbhenn, bei dem die Weine am Schüsselkorb unter anderem bezogen werden können. Der 2011 verstorbene Loriot alias Vicco von Bülow hätte also seine Freude daran gehabt.

Wasser macht weise,

lustig der Wein.

Drum trinken wir beides,

um beides zu sein.

Deutscher Trinkspruch

Feuersprühend

Loriot war ein Weinliebhaber. Und ein Perfektionist. Nichts überließ er dem Zufall. Das war auch während seiner produktiven Jahre in Bremen nicht anders. Und Radio Bremen tat alles, um ihn bei der schweißtreibenden Vollendung seiner Sketche zu unterstützen. Doch auch nach Feierabend war noch lange nicht Schluss. Dann belohnte sich Loriot gerne mal mit dem Besuch eines gehobenen Bremer Lokals. Eine diebische Freude bereitete es ihm, den dort kredenzten Wein auf seine ganz eigene Weise zu testen:
Während der Kellner mit artiger Verbeugung eine Pfütze des kostbaren Tropfens zum Verkosten in ein edles Weinglas goss, setzte Loriot, der Situation angemessen, sein würdigstes Gesicht auf, inspizierte mit Kennerblick das Etikett und hob weihevoll das feuersprühende Glas gen Kronenleuchter. Nachdem er den funkelnden Inhalt, den nervös wartenden Kellner aus den Augenwinkeln dabei beobachtend, ausgiebig begutachtet hatte, nahm er einen kleinen Schluck in den Mund und begann den Wein schmatzend und gurgelnd auf seine Qualität hin zu testen. Dabei war er stets darauf bedacht, jede einzelne Geschmacksknospe seiner Zunge zu mobilisieren, was natürlich einige Zeit in Anspruch nahm. Denn es sind ihrer bekanntermaßen viele.

Es muss ein Bild für die Götter gewesen sein, wie der Kellner, der den bekannten Humoristen nicht verprellen wollte, nervös zappelnd daneben stand. Je länger Loriot brauchte, desto nervöser wurde der arme Mann. Nach einer gefühlten Unendlichkeit schluckte Loriot den Wein runter, markierte jedoch gleichzeitig einen veritablen Hustenanfall, dass es eine Freude war. Der Kellner wurde bleich, das Gesicht des prominenten Gastes lief purpurrot an. War der Wein verdorben? Hatte Loriot einen Teil des Korkens verschluckt? Ungemach kündigte sich an. Doch bevor die Situation aus dem Ruder lief, endete der Hustenanfall abrupt, und mit erstaunlich klarer Stimme ließ Loriot wissen: »Gut, der Wein, sehr gut sogar …« Der Kellner atmete erleichtert auf, füllte pflichtgemäß die Gläser und verschwand eilends in der Küche, um sich zu erholen.

Diese Art der Begegnung muss es häufiger gegeben haben. Doch Loriot soll jedes Mal wie ein freches Kind gegrinst haben, das sich ausgerechnet an einem Ort ungezogen aufgeführt hatte, an dem jeder andere vor Ehrfurcht erstarrt wäre.

Zecher adé

Gute Kunden zu verlieren, ist hart. Wie hart, zeigt das folgende Gedicht, das den Bremern G. F. Forgel und J. Eggeling gewidmet ist. Um die beiden Söhne wohlhabender Familien, die 1694 als Offiziere nach Frankreich abkommandiert worden waren, wurde intensiv getrauert. Schließlich wirkte sich ihre Abreise äußerst unerfreulich auf die Umsätze des Weinkellers aus, wie auch das eigens erdachte Abschiedsgedicht beweist:

Weine nun du wehrtes Bremen
Reiß' aus deinem Kopff die Haar
Du Wein-Keller mußt dich gremen
Weil dir jetzt entgeht das Paar
Das so manchen stolzen Heller
Offt in unbereuter That
Für dein Sekt und Muskateller
Dir bißher gegönnet hat.

Alkohol-Ranking I

Calvados	55 % Vol.
Whiskey	50 % Vol.
Weinbrand	40 % Vol.
Obstler	35 % Vol.
Kräuterlikör	33 % Vol.
Korn	32 % Vol.
Fruchtlikör	30 % Vol.
Eierlikör	20 % Vol.
Wermut	18 % Vol.
Sekt (trocken)	10 % Vol.
Wein	10 % Vol.
Starkbiere	6–12 % Vol.
Vollbiere	ca. 5 % Vol.
Leichtbiere	1–3,5 % Vol.
Alkoholfreies Bier	max. 0,5% Vol.

Alkoholgehalt ausgewählter Getränke

Alkopop

Streng zu unterscheiden von Biermischgetränken sind die sogenannten »Alkopops«. Alkopops sind nur Getränke, in denen sich auch Branntwein befindet, mithin Spirituosen, die »gebrannt«, also destilliert worden sind. Das Tückische: Indem etwa Wodka, Rum oder Whisk(e)y mit Fruchtsäften oder anderen gesüßten Getränken kombiniert werden, ist der oft hochprozentige Alkohol nicht mehr rauszuschmecken.

Da Alkopops (»klein, bunt und verlockend«) vor allem von Jugendlichen begeistert konsumiert werden, stehen einem Rausch und dem Start in eine spätere Alkoholiker-Karriere nichts mehr im Wege.

In Bremen geht man damit – sicherlich auch zur Wahrung des Andenkens von Ottilie Hoffmann, Bremens vorderster Abstinenzlerin – sehr verantwortungsvoll um. Die Bremer Schausteller versichern in einer schon 2005 unterzeichneten Selbstverpflichtungserklärung, auf dem Bremer Freimarkt keine Alkopops auszuschenken oder zu verkaufen. Der Freimarkt ist schließlich auch ganz ohne bunt und verlockend genug – und das allenthalben ausgerufene »Ischa Freimaak« ist tatsächlich typisch bremisch. Ein Zusammenhang der leicht verwaschenen Aussprache mit dem Konsum alkoholischer Getränke konnte bislang nicht nachgewiesen werden.

Al-kuhl

Der Begriff »Alkohol« geht ursprünglich auf das arabische Wort »al-kuhl« zurück. Unter spanischem Einfluss entwickelte er sich zu »al-kuhúl«, was so viel wie »das Feinste, feines Pulver« bedeutete. Damals hätte sich wohl niemand träumen lassen, dass das einmal Realität werden würde: Doch 1947 wurde in den USA ein Patent auf Alkoholpulver erteilt, das, in Wasser aufgelöst, ein alkoholisches Getränk entstehen lässt.
In Deutschland brachte die Firma Subyou eine Art Brausepulver auf den Markt, das, in Wasser aufgelöst, künstlich, süß und gleichzeitig leicht bitter schmeckte. Tests ergaben einen Alkoholgehalt von immerhin 2,6 bis 4,6 % Vol. Anlass für Stiftung Warentest, im Jahr 2005 aus Gründen des Jugendschutzes eindringlich vor dem Konsum zu warnen. Zudem sei das Alkopop-Getränk auch geschmacklich eine Katastrophe.
Das Nordlicht schüttelt dazu ohnehin mild den Kopf. Wenn man schon Pulver in Alkohol auflösen muss, dann gibt es an der Waterkant natürlich schon namentlich nur eine Wahl, mit der sich das Küstenkind wohlfühlt: Ahoi-Brause mit Wodka.

Ochsengalle und Schlangenkraut

Bevor das Reinheitsgebot erlassen wurde, kannte die Kreativität der deutschen Brauer keine Grenzen. Man griff tief in die Trickkiste, um das oft saure Bier »trincklich« zu machen. Ob nun Ochsengalle oder Pech, Schlangenkraut oder harte Eier, Ruß oder Kreide, gar Stechapfel, Tollkirsche oder Fliegenpilz: Es gab in früheren Zeiten kaum einen Zusatz, der nicht zur »Verfeinerung« herangezogen worden wäre – mit mitunter unbekömmlicher Wirkung. Doch es gibt natürlich auch Zutaten, die das flüssige Gold veredeln:

Auch unter der Maßgabe der drei Zutaten plus Wasser zeigen sich die Brauereien gerade in jüngster Zeit wieder ausgesprochen kreativ. Für Kostverächter »trincklich« soll Bier gemacht werden, indem es nach Herzenslust mit meist süßen Zusätzen gepanscht und als fertiges Mixgetränk angeboten wird. Das ist seit 1993 durch eine Änderung des deutschen Biersteuergesetzes möglich.

Die Gründe liegen auf der Hand. Der Bierabsatz ist leicht rückläufig und liegt nun »nur noch« bei etwa 107 Litern Bier pro Kopf und Jahr. (Das sind immerhin fast elf Wassereimer voller Bier, die auf jeden Deutschen kommen.) Teure Untersuchungen haben ergeben, dass fast sieben Mal mehr Männer als Frauen Bier trinken. Das Geld

hätten sich die Brauereien allerdings sparen können, wenn sie nur auf den alten Wilhelm II. gehört hätten, der schon vor ewigen Zeiten festgestellt hatte: »Zeige mir eine Frau, die wirklich Geschmack am Bier findet, und ich erobere die Welt.«
Wie gut, dass es zu seiner Zeit noch keine süßen Biermischgetränke gegeben hat. Durch sie sollen vor allem Frauen auf den Biergeschmack gebracht werden – und das überaus erfolgreich. Die Geschichte hätte umgeschrieben werden müssen …

Zu gutem Bier sitz fröhlich nieder.
Kehr fröhlich heim,
komm fröhlich wieder.

Deutscher Trinkspruch

Bullenschluck

Die Menschen in Bremen und umzu haben keinen Humor? Ganz sicher doch! Der hochprozentige Beweis kommt hier aus Sulingen, wo der Apotheker Hans Dunker 1949 einen Bitterlikör entwickelte und diesen mit Apothekenetiketten versah, von »Lebertran« bis »Vorsicht, Gift«. Heute steht auf jeder Flasche »Konzentriertes Restitutions-Fluid«, ergänzt durch den Zusatz: »empfiehlt sich besonders bei Lahmheit der Pferde, Rinder und Zugochsen. Auch für Menschen zur inneren Einreibung geeignet.«

Doch da einem handfesten Bauern der Begriff »Restitutions-Fluid« nicht über die Lippen kommt, wurde der Erfinder dieser hochprozentigen »Medizin« ständig darum gebeten: »Giv mi mol den Schluck, die dei Bullen hölpt!« – »Gib mir mal von dem Schluck, der den Bullen hilft!« So kam das Getränk zu seinem in Rot über das Etikett gedruckten Namen: »Bullenschluck«.

Und darauf schwören übrigens nicht nur die Sulinger Bauern. Der Bullenschluck ist Kultgetränk. Klingt ja auch viel besser als Lebertran, vom Geschmack mal ganz zu schweigen.

Höllenschmerzen

Der Alkohol betäubt so manchen Schmerz, das wussten sogar schon die alten Römer. In Cäsars Armee etwa mussten die Soldaten täglich einen Liter Wein trinken – zur Vorbeugung gegen ansteckende Krankheiten. Und tatsächlich wirkt Alkohol sich auf die Schmerzwahrnehmung aus, zunächst dämpfend, am nächsten Tag meist in Form von stechendem Kopfweh. Doch manchmal hilft nicht einmal der beste Tropfen. Dann muss etwas Stärkeres her, zum Beispiel ein Bremerhavener, wie in der folgenden Geschichte.
In der geht es um Samuel Longhorne Clemens, besser bekannt als Mark Twain.
Eben jener war kein Kostverächter. Er war ein starker Raucher und genoss zumindest in jungen Jahren Alkohol in rauen Mengen. Erst als er sich unsterblich in seine spätere Frau Olivia Langdon verliebte, gelobte er Besserung. An seine Mutter schrieb er damals euphorisch:

»Ich werde ab morgen keinen Alkohol mehr anrühren, obwohl ich nichts dergleichen geschworen habe. Ich werde […] ein Christ sein.«

Seinen umfangreichen Notizen und Briefen ist zu entnehmen, dass seine Vorsätze zumindest hinsichtlich des Alkohols nicht lange anhielten. Ein Rückfall jagte den nächsten, bis er sich mit seiner Schwäche arrangierte und fortan seinen geliebten Whiskey wieder mit Genuss trank. Er war für ihn Lebenselixier und Medizin zugleich. Er tröstete ihn auch über Heimweh und Sehnsucht, die ihn auch nach 32 Ehejahren noch überkam und ihn sehnsüchtig an seine zu Hause gebliebene Frau Olivia schreiben ließ:

»Guten Morgen, Liebste, es ist ein strahlend schöner Tag,
und ich liebe Dich sehr.
Ich wünschte Du wärst hier, mein Schatz.«

Oder er half ihm, wenn ihn schlimme Zahnschmerzen plagten. Doch jede Medizin hat ihre Grenzen. Als ihm im Mai 1893 während einer Schiffspassage von New York nach Genua ein vereiterter Zahn Höllenschmerzen bereitete, half nicht einmal mehr die doppelte oder gar dreifache Ration. Nicht auszudenken, was passiert wäre, wenn ihm in dieser misslichen Lage nicht Heinrich Sengebusch aus Bremerhaven zu Hilfe geeilt wäre. Als Schiffsbarbier des Norddeutschen Lloyds kannte er sich nicht nur mit Haaren, sondern auch mit der Behandlung maroder Zähne aus. Mark Twain konnte sich danach wieder unbelastet seiner Schriftstellerei (und dem Alkohol) widmen. Seinem Retter aus Bremerhaven schenkte er zum Dank für die Rettung aus größter Pein eine Erstausgabe seines Buches »The Million Pound Bank Note«, die er mit einer persönlichen Widmung und einem deutschen »Auf Wiedersehen« versah.

Die Schnaps-Idee

»Montag, Dienstag, Mittwoch, Donnerstag, Freitag, Samstag, Sonntag – ›Alter Senator‹, der schmeckt jeden Tag.«
Kaum ein Tag, an dem der »Alte Senator«, ein überaus beliebter Weizenkorn mit 32% Vol. Alkoholgehalt, nicht mit diesen Worten im Radio beworben worden war. Und kaum jemand, der die Werbung damals nicht kannte. Obwohl seither Jahrzehnte vergangen sind, erinnern sich noch viele an die eingängige Werbung.
Gebrannt wurde der Klare damals in Bremen. Doch das war einmal. »Jacob Jürgensen«, die Herstellerfirma, befindet sich schon längst nicht mehr in bremischer Hand. In den alten Produktionsstätten in der Bremer Neustadt, einem immer wieder erweiterten Produktionsgebäude zwischen Oderstraße und Kleiner Weser, wird kein Schnaps mehr gebrannt. Geistreich geht es dort trotzdem zu, sogar mehr denn je. Die Alte Schnapsfabrik Bremen beherbergt mittlerweile zahlreiche Unternehmen aus dem Bereich der sogenannten »Kreativwirtschaft«, die sich vom Geist der alten Schnapsbrennerei inspirieren lassen. Eine Schnapsidee, die sich bewährt.

Der Magnum-Skandal

Ein guter Tropfen kann beflügeln. Er kann aber auch zu katastrophalen Abstürzen führen. Lallende Reden, kurvenreiche Fahrten unter Alkoholeinfluss oder feuchtfröhliche Feiern mit leichten Mädchen machen sich nicht nur in der Politik nicht gut und gelten als hundsgemeine Karrierekiller. Zumindest wenn sie öffentlich werden. Das ist nichts Neues. Das war schon immer so. Daran wird sich auch künftig nichts ändern.

Was allerdings im Mai 2005 einem honorigen Bremer Politiker »widerfuhr«, ist durchaus ungewöhnlich. Denn Alkohol war auch im Spiel, allerdings anders als üblicherweise in solchen Fällen.

Es war der 11. Mai 2005, an dem dem Wirtschaftssenator und zweiten Bürgermeister Peter Gloystein die ehrenvolle Aufgabe zukam, das Bremer Weinfest zu eröffnen. Die Stimmung war ausgelassen, als er mit einer großen Sektflasche, einer »Magnum«, auf die Bühne trat. Zu seinen Füßen sehnte das gemeine Volk den ersten Schluck herbei, unter ihnen auch der Obdachlose Udo Oelschläger. Dieser nun soll wiederholt versucht haben, dem Senator die Flasche zu entreißen, wie später behauptet wurde. Beweise dafür gibt es indes nicht. Peter Gloystein soll daraufhin grinsend gesagt haben: »Hier, damit du auch etwas zu trinken hast« – und goss ihm, und das ist definitiv verbürgt, einen Schwall des edlen Tropfens über den Kopf. Pech nur, dass diese Szene von einem flinken Fotografen festgehalten wurde. Das Bild mit dem Politiker, der einem unter ihm stehenden Obdachlosen eine Sektdusche verpasste, das war ein gefundenes Fressen für die Presse. »Ihr da oben – wir da unten!«, hieß es.

Er habe nur den Mund treffen wollen, hatte sich Gloystein noch zu rechtfertigen versucht. Doch es war zu spät. Der Blätterwald rauschte, Strafanzeigen wurden erstattet und hämische Kommentare abgegeben. Nicht einmal den teuren Füllfederhalter des Senators wollte Udo Oelschläger als Wiedergutmachung annehmen. Er sei doch nicht bestechlich, soll er sich empört geäußert haben. Am nächsten Tag trat Peter Gloystein von allen Ämtern zurück.

Nur eine Woche später trafen sich der inzwischen Ex-Senator und der immer noch Obdachlose und versöhnten sich. Peter Gloystein, ein gebürtiger Bremer und Hanseat, zeigte sich untröstlich und verzichtete sogar auf seine restlichen Gehaltsansprüche in Höhe von rund 65.000 Euro. Udo Oelschläger soll, so eine bekannte Zeitung mit vier Buchstaben, der Vorfall dennoch so hart getroffen haben, dass er zunächst dem Schnaps vollends verfiel. Im Gespräch »ein Jahr danach« berichtete er jedoch von seiner Abkehr vom Alkohol – leider zu spät. Im Dezember 2006 starb er mit gerade einmal 46 Jahren vereinsamt in einem Bremer Krankenhaus.

Der Marquarde-Skandal

Bremen ist schon oft von Skandalen erschüttert worden. Einer von ihnen spielte sich einige Jahre vor der senatorischen Sekt-Attacke von Peter Gloystein (2005, siehe »Der Magnum-Skandal«) ab, genau genommen im Jahr 1342. Doch lesen Sie selbst:

»En scele was under den ratmannen umme Marquarde den grop getere dat he in dem winkeller nam ener vrow mit ghewolt enen hoyken unde stak ene und de banc, der vrouwen man de sprak dat wolde vuldon vor de vrouwen ware si wat schuldich, dat scede wi jacob Weslere, johan Duckel de olde henrie stafhorst Reyner Rynesberch johan van Nienborch, gherard borcharde, johan Struve, Rolande von Bersen, also dat he de wolt scal beteren mit twen marken.«

Wir erfahren hier also voller Empörung, dass es sich der fiese Zinngießer Marquarde herausgenommen hatte, einer Dame den Hoyken, einen damals höchstmodischen Mantel mit Kapuze und ulkigem Horn im Stirnbereich, gewaltsam wegzunehmen, weil sie ihm Geld schuldete. Und diese unverfrorene Tat fand nicht irgendwo statt, sondern ausgerechnet im städtischen Weinkeller. Das konnte natürlich nicht ungesühnt bleiben. Der miese Straftäter wurde des Friedensbruchs für schuldig befun-

den und musste eine für damalige Verhältnisse astronomisch hohe Geldstrafe von zwei Mark berappen.
Das war nur recht und billig. Erwähnenswert ist die Geschichte allerdings vor allem, weil es also schon damals, vor fast siebenhundert Jahren, in Bremen einen Weinkeller gegeben haben muss. Dieser befand sich wohl an der Ecke Markt/Obernstraße, etwa dort, wo sich jetzt das »Deutsche Haus« befindet – und zwar praktischerweise in unmittelbarer Nähe des »Hurrelbergs« mit dem städtischen Gefängnis. Auch zur Ratsapotheke soll es eine direkte Verbindung gegeben haben. Dort gab es nicht nur gedörrte Kröten für drei Groten, sondern als beliebte Arznei auch den überaus bekömmlichen Malvasier-Wein, dem Regenwürmer zugesetzt wurden, das »Loth zu sechs Groten«.

Suup di vull un fritt di dick
un holl dien Muul vun Politik

Plattdeutsches Sprichwort

Spielverderber

Alkohol, mit Bedacht genossen, wirkt sich mitunter wundersam auf das Wohlbefinden aus. Er hebt die Stimmung und trägt, so heißt es, bisweilen zur Gesundung bei. Doch es hat auch schon immer Abstinenzler gegeben (gerade von Betrunkenen gerne als Spielverderber tituliert), die Alkohol als Wurzel allen Übels empfunden und ihr Leben in den Dienst seiner Bekämpfung gestellt haben. Eine davon war Ottilie Hoffmann, eine echte Ostertorsche aus gutem Hause. Zur Einstimmung auf diese Dame sei hier folgendes Bild aus längst vergangenen Tagen heraufbeschworen:

Über Bremen brütet brutale Hitze. Im Bürgerpark schuften die Arbeiter. Der Schweiß fließt in Strömen. Das Einzige, was sie aufrechterhält, ist die Aussicht auf ein kühles Blondes in der Pause.

Doch dann ertönt in der Ferne ein seltsames Quietschen. Die Arbeiter halten inne. Die gleißende Sonne blendet sie. Endlich sehen sie durch die Hitzeschwaden verschwommen etwas Unförmiges, Schwarzes näherkommen. Das Quietschen wird lauter. Ganz langsam nimmt das Bild Form an. Ein unter seiner Last ächzender Handwagen ist zu erkennen. Und mehrere Frauen in grauen Kleidern und weißen Schürzen, die das Gefährt auf die Baustelle bugsierten.

Auf dem Wagen stehen große Töpfe und Kannen, geschmückt mit Küchenschelle und Männertreu. Wortlos bauen die Frauen Schilder auf. »Milch« ist da in großen Lettern zu lesen, ebenso »Kaffee – 5 Pfennig«. Daneben steht eine große Terrine, in der sich Erbsensuppe befindet. Für 10 Pfennig. Ein Schnäppchen. Alles bieten die Frauen feil, nur kein erfrischendes Bier.

So oder so ähnlich muss es gewesen sein, damals, im Jahr 1890, beim Aufbau der »Norddeutschen Gewerbe- und Industrieschau« im Bürgerpark. Von euphorischen Dankesbekundungen der Arbeiter ist nichts bekannt. Saft statt Schnaps, das mussten sie erst einmal verkraften. Und zur Durchsetzung dieser neuen Pause bedurfte es so energischer Frauen wie Ottilie Hoffmann.

Nein, eine Spielverderberin wollte sie nicht sein. Sie wusste durchaus, dass Alkohol die Herzen und Sinne beschwingt und raue Männerkehlen erklingen lässt. Doch sie wusste auch, dass der Sprit den Arbeitern eine Leichtigkeit vorgaukelte, die sie tollkühn von Gerüst zu Gerüst springen ließ – mit oft fatalen Folgen. Vierzig Unfälle hatten sich beim Aufbau der Gewerbeschau schon ereignet, fast alle in trunkenem Zustand.

»So geht es nicht weiter«, muss sie gedacht haben. So kam es zur Gründung des »Bremer Mäßigkeitsvereins«, später des »Bundes abstinenter Frauen«, wo Ottilie Hoffmann kräftig mitmischte. Kaum ein Tag, an dem sie nicht Artikel und Petitionen verfasste oder sich an Diskussionen und Vorträgen beteiligte, bis der Saal tobte wie 1896 in Kiel, als sie zum Thema »Sind die Mäßigkeitsbestrebungen der Frauen patriotische Pflicht?« sprach.

Zu dieser Zeit gab es in 150 Städten Ortsgruppen, die alkoholfreie Abstinenzler-Lokale unterhielten. Das letzte Lokal in Bremen befand sich bis 1983 am Osterdeich.
Weltweit war Ottilie Hoffmann im Einsatz. Sie war eine gefragte Frau. Ihre Wahl in den Hauptvorstand des »Deutschen Vereins gegen den Missbrauch geistiger Getränke« war nur noch eine Formalie.
Am 20. Dezember 1925 starb sie nach einem erfüllten Leben neunzigjährig in Bremen. Für ihren unermüdlichen Einsatz gegen Alkoholmissbrauch und für die Rechte der Frauen hatte sie zuvor von Kaiser Wilhelm II. das Frauenverdienstkreuz in Silber erhalten. Kaiserin Auguste Viktoria hatte ihr bereits 1903 eine persönliche Audienz gewährt. Eine Straße im Bremer Stadtteil Schwachhausen trägt ihren Namen. Am Ostertorsteinweg ist ein Denkmal für sie aufgestellt worden. Und auch hier sei ein Toast auf ihren Einsatz gesprochen – selbstverständlich mit einem Milchglas in der Hand.

Ich habe neulich zu Hofe eine harte, scharfe Predigt getan wider das Saufen; aber es hilft nicht.

Martin Luther (1483–1546), deutscher Theologe

Alkohol-Ranking II

Brot	bis 0,3 % Vol.
Apfelsaft	bis 0,4 % Vol.
Alkoholfreies Bier	bis 0,5 % Vol.
Sauerkraut	0,5 % Vol.
Traubensaft	bis 0,6 % Vol.
Reife Banane	bis 1,0 % Vol.
Reifer Kefir	bis 1,0 % Vol.
Leichtbier	1–2,5 % Vol.
Vollbier	ca. 5,0 % Vol.
Starkbier	ca. 6–12 % Vol.
Apfelwein	ca. 5,5–7 % Vol.
Wein	ca. 7–14 % Vol.
Liköre	meist unter 30 % Vol.
Spirituosen	meist ca. 40 % Vol.

Rausch der dritten Dimension

Ein Übermaß an Alkohol führt zu Kontrollverlust. Die Zunge wird schwer, Äußerungen fallen schroffer oder lieblicher aus als sonst, diplomatische Weichzeichner werden als entbehrlich angesehen, die Freude an Übersteigerungen erwacht, der Gang wird schwankend, die Erde auch. Und schließlich überwiegt das Bedürfnis, sich der Ruhe hinzugeben.

Doch nicht jeder, der die entsprechenden Anzeichen zeigt und zum Beispiel gegen Laternenpfähle läuft, muss alkoholisiert sein. Der gebürtige Bremer Ernst Hermann Heinrich Rowohlt hat anschaulich geschildert, wie er während seiner Banklehre bei Plump & Co. als 17-Jähriger in derartige Rauschzustände versetzt worden war:

»In dieser Zeit legte ich den Grundstein zu meiner heute mit Recht so berühmten literarischen Bildung. Denn ich hatte, während ich mit der Straßenbahn fuhr, und bei den Großbanken, bei denen ich auf Abfertigung warten musste, viel Zeit zum Lesen. Ja, Altersgenossen von mir behaupten, dass ich häufig auf der Straße, im Gehen ein Reclam-Bändchen lesend, angetroffen wurde. Und manchmal sogar Laternenpfähle angerannt hätte. Jede Behauptung, dass das schon damals im Suff geschehen sei, bestreite ich energisch.«

Jeder begeisterte Leser wird Rowohlts Rauscherlebnisse nachempfinden können.
Auffallend ist, nebenbei bemerkt, dass aus Bremen und umzu erstaunlich viele Verlegerpersönlichkeiten stammen, etwa Georg Joachim Göschen, Anton Kippenberg, die Familie Schünemann, oben genannter Ernst Rowohlt sowie, aus Kirchhatten bei Oldenburg, Peter Suhrkamp. Doch das ist ein Thema, das bei einer anderen Flasche Wein besprochen werden sollte.

Weißt du,

manchmal habe ich so das Gefühl,

eine Pulle Wein sei mehr wert

als die ganze Dichterei.

Gottfried Keller (1819–1890),
Schweizer Dichter

Wein und Austern

Nein …
Goethe war nie in Bremen. Das schmerzt, auch noch nach 200 Jahren. Ein kleiner Trost: Er war auch nie in Hamburg. Und noch ein Trost: Bremen hatte dafür einen Goethe-Meyer. Und Hamburg nicht.
Eigentlich hieß Goethe-Meyer natürlich anders, nämlich Nicolaus Meyer. Er war Arzt in Bremen und ein guter Freund Goethes aus Jenaer Studientagen. Zeitweise lebte er sogar im Hause Goethe und pflegte bis zum Tod des großen Meisters eine rege Korrespondenz mit ihm. Als Hobby-Dichter übersandte er seinem berühmten Freund oft seine Arbeiten mit der Bitte um Begutachtung und fügte den Manuskripten lukullische Köstlichkeiten bei, vor allem Weinflaschen aus dem Ratskeller. Es heißt, Goethe habe sich darüber sehr gefreut. Wein aus Bremen kam bei ihm immer gut an, Austern ebenfalls, wie sich einem Dankesschreiben Goethes vom 11. Juli 1804 entnehmen lässt:

»Sie hatten uns durch das Fäßchen Austern sehr überrascht. Es war bey warmem Wetter angelangt und der Inhalt fand sich völlig geniesbar.«

Auch unterrichtete Nicolaus Meyer, dieser kleine Schlenker muss sein, Goethe regelmäßig von Bremens Plänen, an der Wesermündung einen neuen Hafen, das spätere

Bremerhaven, gründen zu wollen. Goethe verwertete diese Informationen im »Faust II«. Da er sich zudem interessiert an den merkwürdigen Mumien aus dem Bleikeller zeigte, schenkte ihm Nicolaus Meyer zu Weihnachten 1803 den von ihm heimlich abgebrochenen Finger einer der dort zur Schau gestellten Leichen, verbunden mit der Hoffnung, Goethe so nach Bremen locken zu können. Was ihm jedoch nicht gelang.
Wer noch ein originelles Weihnachtsgeschenk sucht, sollte übrigens wissen, dass die Mumien mittlerweile leider durch eine Glasscheibe gesichert sind …

Euch ist bekannt,
was wir bedürfen,
wir wollen starke Getränke schlürfen.

Johann Wolfgang von Goethe (1749–1832),
deutscher Dichter (aus »Faust I«)

Ein wahres Lebensöl

In Bremen herrschten nicht immer Haushaltssperre und Sparpolitik. Mitunter zeigte sich der Bremer Senat in der Vergangenheit gar äußerst spendabel. So ließ man Goethe im Jahr 1823 zur Genesung beispielsweise einige Flaschen feinen Roseweins von 1624 aus dem Bremer Ratskeller zukommen:

»Denn wenig Tropfen können Kraft dem Leben
Und der Gesundheit frische Dauer geben.«

Nicolaus Meyer

Und auch der Bürgermeister Otto Gildemeister berichtete im November 1860 von einem großzügigen Präsent:

»A propos, am Donnerstag ist in Vegesack ein Matrose 100 Jahre alt geworden, dabei gesund und noch leidlich rüstig. Denke …, dreißig Jahre alt, als die Französische Revolution ausbrach! Der Alte hat vierzig Jahre lang auf Bremischen Schiffen gefahren, dann zwanzig Jahre lang auf Bremischen Schiffswerften gearbeitet und vegetiert nun bei einem achtzigjährigen Schwiegersohn. Der Senat hat dem alten Burschen zu seinem Geburtstage ein Dutzend Flaschen siebzehnhundertsechziger Rüdesheimer aus dem Stadtweinkeller schicken lassen. Mein Antrag, die Flaschen mit Jamaikarum zu füllen, fand keinen Anklang.«

Wobei entsprechende Gaben damals durchaus nichts Ungewöhnliches waren. Bremen stand für das gute Leben. Tabak, Kaffee, Wein und Bier aus Bremen waren etwas Besonderes – und beliebte Geschenke. Auch Friedrich Schiller zeigte sich am 9. August 1803 in einem Brief an Friedrich Cotta begeistert:

»Ich habe aus Bremen einen delikaten weißen Portwein erhalten, wofür ich Ihnen, werthester Freund, aufs verbindlichste danke. Es ist ein wahres Lebensöl, das Herz und Eingeweide stärken wird.«

Nur der Verfasser dieses Büchleins wartet noch immer verzweifelt auf entsprechende Annehmlichkeiten. Vielleicht zum Hundertsten?

Ob ich morgen leben werde, weiß ich freilich nicht;
aber wenn ich morgen lebe, dass ich morgen trinken werde,
weiß ich ganz gewiss!

Gotthold Ephraim Lessing (1729–1781),
deutscher Dichter

Freuds Ohnmacht

Im Jahr 1909 landeten der Tiefenpsychologe Sigmund Freud, der ungarische Neurologe Sándor Ferenczi und der Psychiater Carl Gustav Jung, Begründer der analytischen Psychologie, nach einem Stadtrundgang in dem Weinlokal »Alt-Bremer Haus«, das bis zur Zerstörung im Bremer Essighaus in der Langenstraße 15 betrieben wurde. Nachdem C. G. Jung angesichts des verlockenden Angebots überraschend verkündet hatte, dass er seine Abstinenz nunmehr beenden werde, bestellten die drei Herren zum Weserlachs einen edlen Rheinwein. Plötzlich bekam Freud, also nicht der just zu alten Weinfreuden zurückgekehrte Jung, Schweißperlen auf der Stirn und brach ohnmächtig zusammen.

Doch keine Sorge: Bereits nach kurzer Zeit war er wieder bei Bewusstsein. Nur was war geschehen? Niemand bricht aus heiterem Himmel zusammen – schon gar nicht ein Tiefenpsychologe! Freuds »Bremer Ohnmacht« wurde jedenfalls in Fachkreisen heiß diskutiert.

C. G. Jungs »Erinnerungen« bringen Licht ins Dunkel. Beim Verspeisen des Weserlachses hatte Jung über seine Empfindungen beim Besuch des schaurigen Bleikellers berichtet. Er hatte während des Mahls kein anderes Thema. Und genau dieser ausschweifende Bericht ging Freud scheinbar sehr nahe. Denn während dieses Gesprächs kam Freuds Zusammenbruch.

Dazu C. G. Jung:

»Nachher sagte er [Freud] mir, daß er überzeugt sei, dieses Geschwätz von Leichen bedeute, daß ich ihm den Tod wünsche. Von dieser Ansicht war ich mehr als überrascht. Ich war erschrocken und zwar über die Intensität seiner Phantasien, die ihm offenbar eine Ohnmacht verursachen konnten.«

Freud selbst hat den Vorfall allerdings bagatellisiert. In seinem Reisejournal heißt es lediglich:

»Wir stoßen mit dem köstlichen Wein an. Ob ich nun zu rasch getrunken oder durch eine schlaflose Nacht erschüttert war, beim Lachs bekomme ich einen argen Schwitz- u. Schwächezustand und muß die weiteren Gänge überschlagen. Ich getraue mich dann auch nicht weiter zu trinken. Jung wird jetzt das Trinken für mich besorgen. Natürlich ist der ganze Anfall bald vorüber.«

Doch was lehrt uns diese kleine Episode in der großen Geschichte der Psychoanalyse?
Vielleicht, dass das Über-Ich niemals dem Es die Wahl des Weines überlassen sollte?

Don't drink and drive!

Trunkenheitsfahrten in Bremen

2010 🍷 410

2011 🍷 427

2012 🍷 428

2013 🍷 368

2014 🍷 344

Bremische Verkehrsunfälle unter Alkoholeinfluss

2010 🍷 261

2011 🍷 275

2012 🍷 285

2013 🍷 262

2014 🍷 200

Alle Lampen an

In Bremen gibt es viele Trinkerlebnisse der besonderen Art, auch jenseits des Ratskellers. Etwa im »Spitzen Gebel«. Das mit einer Auslucht versehene Haus stammte ursprünglich etwa aus dem Jahr 1400 und wurde, im Gegensatz zu vielen anderen Gebäuden, nach seiner Zerstörung im Zweiten Weltkrieg glücklicherweise wiederaufgebaut. Seitdem wird es traditionsbewusst geführt, zum Beispiel mit der hauseigenen Spezialität, dem »Sluk ut de Lamp«.

1913 wurde das damals noch originale Haus hinter dem Schütting von den Erben des Bierhändlers Adolf Ulbrich an die »Vereinigten Klavierträger« verkauft. Den dort tätigen Trägern, starke Männer mit Armen aus Stahl, war Alkohol während der Arbeit strengstens verboten.

Dieses Verbot wurde mit Verärgerung und Unverständnis zur Kenntnis und mitnichten hingenommen. »Not« macht erfinderisch und so verfielen auch die »durstigen« Träger auf eine List. Heimlich füllten sie ihren Kräuterschnaps kurzerhand in eine der damals handelsüblichen Laternen, die erfreulicherweise auch wunderbar als Flasche verwendet werden konnten. So konnten sie sich unbemerkt regelmäßig einen kräftigen Schluck genehmigen. Die Arbeit machte wieder Spaß. Der Chef war zufrieden. Alle waren glücklich. Damals wie heute.

Mit dem »Sluk ut de Lamp« – dem »Schluck aus der Lampe« – werden auch heute noch willige Gäste bewirtet.

Der darin enthaltene revitalisierende Zaubertrank soll wahre Wunder wirken, zum Beispiel bei Rheuma, erektiler Dysfunktion, Magengrimmen, Gallenbeschwerden, Fußschweiß, Wassersucht, Haarausfall, Hämorrhoiden und vielen weiteren Beschwerden. Das Rezept ist streng geheim.
Angeblich ist der Wundertrank von einem schwedischen Arzt entwickelt worden, der durch das magische Elixier bis ins hohe Alter jung und schön und gesund geblieben sein soll. Und wäre er nicht mit mehr als einhundert Jahren durch einen Sturz vom Pferd ums Leben gekommen, würde er vermutlich noch heute leben.
Und auch bei bester Gesundheit erfreut das Getränk den durstigen Gast der Gaststätte und zeigt eine namesgerechte Wirkung: zunächst gehen alle Lampen an, bei übermäßigem Genuss aber auch zuverlässig aus.
Wer außerdem Tod und Teufel nicht scheut und gegen Tetanus geimpft ist, der kann im »Spitzen Gebel« auch einen »Rostigen Nagel« probieren.
Das Originalrezept ist selbstverständlich ebenfalls ein Hausgeheimnis, bekannt sind aber verschiedene ähnlich anmutende Varianten.

ROSTIGER NAGEL – Grundversion:
1 cl Korn, Tequila oder Kümmel
1 cl Tabasco
Pfeffer oder Chilipulver zum Bestreuen

ROSTIGER NAGEL mit Zucker:
1 Würfelzucker
Korn (bis der Würfelzucker bedeckt ist)
den Rest mit Tabasco auffüllen

ROSTIGER NAGEL mit Rum:
1 cl Jamaica-Rum (oder Sambuca oder Ouzo)
1 cl Tabasco
Pfeffer oder Chilipulver zum Bestreuen

Salzsäure ist nichts dagegen. Wer ihn an die Mundschleimhäute gelangen lässt und das grausame Brennen mit Bier oder anderen Getränken zu bekämpfen sucht, hat bereits verloren.

Nicht zu verwechseln ist das Ganze mit dem gleichnamigen Cocktail RUSTY NAIL aus Schottland. Der besteht aus:

2 Teilen Scotch
1 Teil Drambuie, (gälisch: »ein Trank, der glücklich macht«; ein schottischer Likör, bestehend aus bis zu 17 Jahre altem Malt Whisky, Grain Whisky, Heidehonig aus den Highlands und verschiedenen Kräutern)
serviert on the rocks

Die rote Weltgeistnase

Heinrich Heine war, viele wissen das nicht, zweimal in Bremen. Der erste Besuch fand im September 1826 statt. Damals war er noch jung und voller Zuversicht, als er begeistert die Köstlichkeiten des Bremer Ratskellers genoss. Aus dieser Zeit stammt auch sein bekanntes Gedicht »Im Hafen«, in dem er unter anderem beschwingt formulierte:

»Glücklich der Mann, der den Hafen erreicht hat
Und hinter sich ließ das Meer und die Stürme
Und jetzo warm und ruhig sitzt
Im guten Ratskeller zu Bremen.«

Damals war er bester Dinge, was sich auch den weiteren Zeilen entnehmen lässt:

»Wie doch die Welt so traulich und lieblich
Im Römerglas sich widerspiegelt,
Und wie der wogende Mikrokosmos
Sonnig hinabfließt ins durstige Herz!«

So positiv eingestellt war er selten. Geradezu in Gönnerlaune befand er sich, als er den Ratskellerwein ausgiebig testete:

»Ich trank auf das Wohl meiner bittersten Feinde,
Und allen schlechten Poeten vergab ich,
Wie einst mir selber vergeben soll werden –
Ich weinte vor Andacht, und endlich
Erschlossen sich mir die Pforten des Heils«

Sicherlich war es auch die Wirkung der alkoholischen Gärung, die sich bei ihm bemerkbar machte. Er vergaß darüber die Zeit. Die Welt war schön und er erst 28 Jahre alt:

»Wie rauscht der Jordan und taumelt vor Freude! –
Auch meine unsterbliche Seele taumelt,
Und ich taumle mit ihr, und taumelnd
Bringt mich die Treppe hinauf, ans Tageslicht,
Der brave Ratskellermeister von Bremen.

Du braver Ratskellermeister von Bremen!
Siehst du, auf den Dächern der Häuser sitzen
Die Engel und sind betrunken und singen;
Die glühende Sonne dort oben
Ist nur eine rote, betrunkene Nase,
Die Nase des Weltgeists;
Und um diese rote Weltgeistsnase
Dreht sich die ganze betrunkene Welt.«

Doch wie anders fiel sein Besuch 17 Jahre später aus! Es war kalt, nass und Freimarkt, als er im Oktober 1843 im »Hotel Lindenhof« am Domshof abstieg. Das war nicht seine Sache. Entgeistert schrieb er an seine Frau:

»Ich hatte viel Ungemach und schlechtes Wetter. Alle Welt reist hier im Mantel, ich in einem elenden Paletot, der mir nur bis an die Knie reicht, welche steif vor Kälte sind. […] Ich schreibe Dir in einem Zimmer, das voller Leute ist; das Geschrei um mich her verursacht mir die entsetzlichsten Kopfschmerzen.«

Der Aufenthalt war nur von kurzer Dauer. Wenig später reiste Heine verbittert ab und kam nicht wieder. Hätte er bei seinem zweiten Besuch doch nur ebenfalls den Ratskeller aufgesucht. Der Wein hätte ihn sicherlich nicht nur milder gestimmt, sondern auch ordentlich von innen gewärmt.

Trinke, Liebchen, trinke schnell,
trinken macht die Äuglein hell,
rötet deinen süßen Mund.
Trinken, trinken ist gesund.

Deutscher (Trink-)Spruch

Ein Mädchen und ein Gläschen Wein,
sind die Retter in der Not,
denn wer nicht trinkt und wer nicht küsst,
der ist so gut wie tot.

Johann Wolfgang von Goethe (1749–1832), deutscher Dichter

Grandios

Plenarsaal Reichstagsgebäude	1.200 m^2
Auerbachs Keller Leipzig	1.378 m^2
ÖVB-Arena	2.800 m^2
Bremer Marktplatz	3.484 m^2
Bremer Ratskeller	>5.000 m^2
Fußballfeld (68 m x 105 m)	7.140 m^2

144 Ratskeller gibt es in Deutschland. Aber der Bremer Ratskeller ist mit Abstand der größte. Die oft verwinkelten Gänge haben insgesamt eine Länge von zwei Kilometern.

International Beer Day

Es gibt nicht nur den »Tag des deutschen Bieres« (23. April), sondern auch den »Internationalen Tag des Bieres«. Dieser findet seit 2013 nicht mehr wochentagunabhängig am 5. August, sondern am ersten Freitag im August statt und hat offiziell drei Ziele:

1. To gather with friends and enjoy the deliciousness that is beer. – Freunde zu treffen und gemeinsam Bier zu genießen.
2. To celebrate the dedicated men and women who brew and serve our beer. – Die Männer und Frauen zu ehren, die unser Bier brauen und servieren
3. To bring the world together under the united banner of beer, by celebrating the beers of all nations and cultures together on this one remarkable day. – Weltweit vereint unter dem Zeichen des Bieres die Biere aller Nationen und Kulturen zu feiern.

Ein ungeschriebenes viertes Ziel dürfte aber auch sein:

4. Die Umsätze der Brauereien zu steigern.

Damit ist der Internationale Tag des Bieres das, was der Valentinstag für die Blumengeschäfte ist.

Heute Brautag

Die Balge, einer der zahlreichen früheren Seitenarme der Weser, diente den Bremern im Frühmittelalter nicht nur als erster Hafen, sondern auch als Wasserentnahmestelle und Toilette, was in hygienischer Hinsicht sicherlich optimierungsfähig war. Pest und Cholera feierten in jener Zeit fröhliche Urständ.

Immerhin erkannten die damaligen Brauer messerscharf, dass Fäkalien den Geschmack ihres Bieres nachteilig beeinflussen konnten, also nicht gut fürs Geschäft waren. So setzten sie mit Hilfe des Rates durch, dass an den Brautagen keine Exkremente mehr ins Wasser gekübelt werden durften. Dafür gab es eigens Schilder, die die aktuellen Brautage rechtzeitig ankündigten, vermutlich verbunden mit der Androhung empfindlichster Strafen im Falle der Missachtung.

Später sorgten Schieten-Alfes, Pumpwerke, Kläranlagen und vor allem eigene Brunnen für einen ungetrübten Genuss. Dem Siegeszug des Bremer Biers stand fürderhin nichts mehr im Wasser oder gar im Wege.

Institution für Nachteulen

Die jungen Wilden hatten es im erzhanseatischen Bremen nicht immer leicht. In den 1950ern etwa boten sich zum Ausgehen neben gediegenen Lokalitäten wie dem Ratskeller kaum Möglichkeiten für die Progressiven, die Alternativen, die Existenzialisten der Stadt. Das änderte sich am 27. Dezember 1959 mit der Gründung der Lila Eule, die sich zunächst für ein Jahr im Keller eines Trümmergrundstücks in der Langenstraße 27 befand und seit 1965 in der Bernhardstraße 10 im Bremer Viertel beheimatet ist – und damit zu den ältesten Diskotheken in Deutschland gehört.
Doch was hat es mit dem geheimnisvollen Namen auf sich? Was ist diese Lila Eule für ein Vogel? Ist es gar ein getarnter »Blauer Schluckspecht«? Gewissermaßen schon, denn in dem revoluzzerischen Etablissement wurde nicht nur Jazz gespielt, über Politik debattiert oder gejammt und getanzt, sondern auch literweise »Apfelsaft mit Rotwein« – eine Spezialität des Hauses – und Bier, Bier, Bier, sehr viel Bier getrunken. Sogar so viel Bier, dass Haake Beck schon zu Beginn einen 30.000 DM-Kredit gewährte.
Das Bremer Bier benetzte so auch am 27. November 1967 die Kehle des Studentenführers Rudi Dutschke. Mitgründer und -betreiber Olaf Dinné hatte den Berliner eigens

mit dem Auto abgeholt, damit er in der Eule seinen Vortrag »Außerparlamentarische Opposition in unserer Gegenwart« halten konnte.
Wilde Zeiten in einem Club, dessen Name in Wirklichkeit einen ganz pragmatischen Ursprung hat: Lila Eule war der Vorschlag des zuständigen Referenten beim Bausenat, dem die Gründer zur Beschleunigung des Verfahrens einfach zustimmten.
Die Zeiten sind inzwischen politisch ruhiger geworden, musikalisch ist noch immer eine Menge los. Und das Bier fließt weiterhin in Strömen. Daran wird sich auch in Zukunft (hoffentlich) nichts ändern.
Panta rhei. Alles fließt.

Fröhlich mal das Tanzbein schwingen!
Wer nur rastet, rostet leicht!
Über seinen Schatten springen
und man hat schon viel erreicht.
Helle Freude unbestritten –:
»HAAKE-BECK BIER – darf ich bitten!«

Aufdruck auf einem Bierfilz aus den 1950er-Jahren

Genosse Reichspräsident

Eine Möglichkeit, allein unter Menschen oder zusammen mit ihnen die Freizeit zu verleben oder, mit einem Smartphone bewaffnet, geschäftliche Kontakte zu pflegen, bietet die gute alte Kneipe. Sicher, neben Bistros, Clubs, Bars und Cafés sind Kneipen im Laufe der Zeit ein wenig in Verruf geraten. Dicke Eichentische, noch dickere Bierbäuche, Rauchschwaden und Stammtischparolen – das ist kein Aushängeschild. Und dennoch summt so mancher mit, wenn Peter Alexanders Stimme aus der nikotinvergilbten Jukebox schallt und die kleine Kneipe um die Ecke besingt, in der das Leben noch lebenswert ist.

Doch das ist nur die halbe Wahrheit. Jenseits des Sozialkitsches waren und sind es oft genau diese Orte, an denen bei Gemütlichkeit und Alkohol große Gedanken entstehen (und häufig auch wieder vergehen), wo Pläne geschmiedet und Revolutionen geboren werden. Bei einem Krug Bier oder einem Schoppen Wein lassen sich mental ohne größere Verluste Barrikaden errichten und Paläste stürmen. Und Bremen war dafür einst ein heißes Pflaster: »Heute Demo – morgen Revo.«

So braute sich auch vor mehr als hundert Jahren in einer kleinen Kneipe in der Bremer Neustadt an der Brautstraße Ecke Westerstraße einiges zusammen. »Zur guten

Hilfe« hieß sie damals, lang, lang ist es her. Pächter des Etablissements war ein gewisser Friedrich Ebert, der selbiges ab 1894 zum Treffpunkt seiner Parteileute ausbaute.
Im gleichen Jahr heiratete er übrigens Louise Rump, gebürtig aus Melchiorshausen/Weyhe, die er 1893 auf einer Gewerkschaftsversammlung kennengelernt hatte. Doch das nur am Rande, da alkoholschwangere Geschichten von der Trauung nicht übermittelt sind.
Während im Erdgeschoss das kühle Bier durch durstige Kehlen rann, beriet Ebert Hilfesuchende eine Etage darüber in sozialen und rechtlichen Fragen, immer getreu dem Motto »Friede den Hütten – Krieg den Palästen«.
Trotz des hinderlichen Achtklassenwahlrechts gelang es ihm 1899 sogar, in die Bremische Bürgerschaft gewählt zu werden. 1905 verließ er Bremen jedoch nach vierzehn Jahren, von parteiinternen Querelen entnervt, Richtung Berlin, wo er 1913 zusammen mit Hugo Haase zum Parteivorsitzenden der SPD gewählt wurde. Nach der Novemberrevolution wurde er 1919 in Weimar zum ersten Reichspräsidenten ernannt. Er, der Kneipenwirt aus Bremen.

WANTED! WANTED! WANTED!

St. Pauli Girl gesucht! Im offenherzigen Dirndl! Kurvenreiche Maße von 90-60-90 wünschenswert! Ruhm garantiert!
Nein, nicht enttäuscht sein! Hier wird es nicht anzüglich. Leider. Auch wenn es um so weltbewegende Themen wie schöne Frauen und kühle Blonde geht. Die Suche findet auch nicht auf dem Kiez oder in Schwabing statt, sondern im prüden Amerika. Und zwar nun schon seit 1977. Ein Wettbewerb der Sonderklasse. Und in Good Old Germany bekommt keiner was mit. Obwohl es auch um Bremen geht.
Doch immer der Reihe nach! Bereits 1857 wurde vom Bremer Architekten und Unternehmer Lüder Rutenberg die St. Pauli Brauerei gegründet. Gebraut wurde das neue Bier in der einstigen Rungeschen Brauerei in der Bleicherstraße im Viertel. Und bis 1870 entwickelte sich daraus die größte Brauerei Bremens.
Aushängeschild war das St. Pauli Girl-Bier, das um 1880 herum zahlreiche Preise einheimste und vor allem in die USA exportiert wurde. Vor dem Ersten Weltkrieg war es sogar das bekannteste deutsche Exportbier überhaupt,

bis ihm Beck's den Rang ablief und die St. Pauli Brauerei 1918 sogar schluckte.
St. Pauli Girl überlebte lediglich als Marke. Ab 1965 wurde es wieder in Bremen gebraut und in die USA exportiert. Zehn Jahre später gelang schließlich der große Coup: Da viele US-Amerikaner noch immer glauben, dass Deutsche ständig in Krachlederner und Dirndl herumlaufen, und deutsches Bier in den USA eine feste Größe ist, begann ab 1975 die landesweite Vermarktung unter Verwendung einer blonden Frau im Dirndl. Und als besonderer Werbe-Gag wird alljährlich mit einem neuen Fotomodel als St. Pauli Girl-Girl geworben. So etwas kommt nun einmal besser an als ein glatzköpfiger Mönch in brauner Kutte. Und ganz besonders die Amerikaner lieben so etwas. Das Auge trinkt mit.
Zeitweise war das St. Pauli Bier das zweitmeist verkaufte deutsche Bier in den USA und das St. Pauli Non-Alcoholic Malt sogar das meistverkaufte alkoholfreie Importbier. Und warum ausgerechnet St. Pauli? Ganz einfach: Der Name geht auf den früheren Brauort zurück, das Paulskloster im Bremer Ostertorviertel. Dort ist schon im Mittelalter Bier gebraut worden.
Und auf diese Geschichte ist sogar Hamburg ein bisschen neidisch …

Nicht nur Männer sind Kenner

Seit 1955 warb Beck's mit dem Slogan: »Beck's Bier löscht Männer-Durst.« Er ist, wie auch das Bier, noch heute in aller Munde.
Doch 1975 kam die Erkenntnis, dass auch die weiblichen Geschmacksknospen nicht übergangen werden können. So wurde aus dem »Männer-Durst« der »Kenner-Durst«.

Der Bierkrug auf dem Bechsteinflügel,
er ist und bleibt mein Musenhügel.

Max Reger (1873–1916),
deutscher Pianist und Komponist

Große Brüste – wunderbar?

Ein delikates Thema brennt den Bremerinnen und Bremern sicherlich unter den Nägeln. Es darf in einer streng wissenschaftlichen Abhandlung wie dieser daher nicht ausgespart werden, auch wenn es heikel ist: Verursacht regelmäßiger Bierkonsum Gynäkomastie? Oder platter ausgedrückt: Bekommen Männer, die regelmäßig Bier trinken, einen Busen?

Nun, es gibt eine gute und eine schlechte Nachricht.

Die gute: Nicht alle Biertrinker sind davon betroffen.

Die schlechte: Die Zusammenhänge sind nicht von der Hand zu weisen. Erstaunlich viele Männer mit Busenbildung sind Biertrinker. Weintrinker sind weit seltener davon betroffen. Warum?

Starke Biertrinker sind besonders häufig übergewichtig, also adipös. Und abgesehen von der optischen Wirkung massiver Speckschichten (»falsche Gynäkomastie«) hat vor allem das intraabdominelle Fettgewebe (unmedizinisch: eine dicke Wampe) die Fähigkeit, Androgene (männliche Sexualhormone) in Östrogene (weibliche Geschlechtshormone) umzuwandeln, was zu vergrößerten Brustdrüsen führen kann.

Als weitere Ursache wird häufig angeführt, dass Hopfen Phytoöstrogene enthält, also Substanzen, die wie Östrogene wirken. Die Folge: ebenfalls vergrößerte Brust-

drüsen (»echte Gynäkomastie«). Manche Mediziner bestreiten diese Zusammenhänge. Handelt es sich bei ihnen womöglich selbst um Biertrinker?
Und zum Schluss noch eine niederschmetternde Nachricht: Bei Frauen stellt sich dieser Hopfen-Effekt nicht ein. Sie verfügen bereits über einen hohen Östrogenspiegel. Was ihnen beim Wunsch nach einer Brustvergrößerung bleibt, ist der Rückgriff auf Silikonimplantate. Aber die schmecken ja bei Weitem nicht so gut …

Mit des Bieres Hochgenuss
wächst des Bauches Radius!

Deutsches Sprichwort

Powerdrink

Tomatensaft	22
Wurzelsaft	27
Pampelmusensaft	28
Cola	44
Apfelsinensaft	47
Bier	48
Rotwein, leicht	66
Weißwein, leicht	70
Traubensaft	74
Sekt	84
Dessertwein	163
Klare Schnäpse (32%)	164
Klare Schnäpse (38%)	196
Cognac	243
Whisk(e)y	250
Eierlikör	285

Kalorien (Kcal) ausgewählter Getränke, jeweils 100 ml.

Das Einmaleins für Durstige

Es ist grausam: Man steht an der Theke und wartet durstig darauf, bedient zu werden. Doch die Tresenkraft hat ihren berufstypischen Blick aufgesetzt, der durch den durstigen Gast durchzugehen scheint. Der Gast winkt. Er brüllt. Er wedelt mit einem Geldschein. Vergebens.

Was also kann der Gast machen, um beachtet und, wichtiger noch, bedient zu werden? Der Bremer Freiherr Adolph Knigge hat sich zwar mit vielen »Dos and Don'ts« befasst, zur Beantwortung dieser Frage müssen wir trotzdem nach Great Britain bzw. nach Irland schauen. Dort hat die Brauerei Guinness eine Umfrage in britischen Pubs in Auftrag gegeben. Und dabei wurde Erhellendes zutage befördert. 1.220 Königinnen und Könige des Zapfhahns wurden befragt und gaben an, die entsprechenden Gäste meist bewusst zu ignorieren.

Drängeln oder Flirten, zumal heftiges, helfen nicht weiter. Das hat die Untersuchung eindeutig ergeben. Wer verärgert oder demonstrativ auf den Tresen klopft, laut ruft oder gar pfeift, hat ebenso schlechte Karten wie derjenige, der mit den Fingern schnippt oder mit einem Geldschein winkt. Das ist eine Frage des Stolzes. Allerdings sollte man auch nicht zu entspannt im Lokal herumstehen. Das, so die Umfrage, vermittele dem Personal den Eindruck, keinen Durst zu haben. Solche Gäste können warten.

Stattdessen kommt es, so das Ergebnis der umfragenden Experten, hauptsächlich auf zwei Umstände an: Der Gast muss sich optimal platzieren und er muss die richtige Haltung einnehmen.

Der taktisch optimale Platz ist der nahe der Kasse. Das nämlich ist der Ort, zu dem die Tresenkraft regelmäßig zurückkehren muss. Ein längeres Ignorieren des Gastes ist so nicht möglich.

Die richtige Haltung wiederum darf weder Überlegenheit noch Herablassung zum Ausdruck bringen. Sie sollte aber auch nicht Hilflosigkeit oder mangelndes Selbstwertgefühl ausdrücken, um der Tresenkraft nicht den Eindruck zu vermitteln, den Gast hinhalten zu können. Optimal ist es vielmehr, so das Ergebnis der Exploration, ein nachdenkliches, besorgtes Gesicht aufzusetzen, soweit dieses keinen Neigungswinkel von mehr als 45 Grad einnimmt. Sonst wird es vom Personal als bedrohlich empfunden. Und das wäre kontraproduktiv.

Wird das beherzigt, hilft noch ein zusätzlicher Trick: Einfach mit dem Finger einen anderen Gast als Ersten in der Reihe der Wartenden identifizieren. Dann ist die Chance sehr groß, als Zweiter bedient zu werden.

Auch wenn die Untersuchung erst in 9.000 Pubs durchgeführt wurde, dürfte sie durchaus repräsentativ sein und für Bremer Tresen ebenfalls gelten. Vor dem Zapfhahn sind doch alle irgendwie gleich.

Drecksack, Schweinebier und Schneewittchen

Wer kennt sie nicht, die elementaren Fragen des Lebens: Sein oder nicht sein? Mädchen oder Junge? Bier oder Cola? Zumindest auf die dritte Frage gibt es eine ebenso pragmatische wie schmackhafte Antwort: beides! Denn die Lieblingsgetränke der Deutschen (nicht empirisch nachgewiesen) lassen sich vorzüglich miteinander mischen! In Bremen, aber auch am Niederrhein, in Krefeld und in Düsseldorf war diese Kombination als »Moorwasser« oder »Spezi« bekannt. Bei der nicht minder beliebten Kombination von Bier mit Zitronenlimonade spricht man in Bremen dagegen traditionell von »Alster« oder »Alsterwasser«.

Der weitgereiste Hanseat muss sich allerdings vorsehen! Andernorts droht Verwechslungsgefahr. Im Ruhrgebiet etwa wird bei einem Alster Orangenlimonade ins Bier gegeben, in Lübeck sogar Himbeer- oder Ananasbrause. Und wer Bier mit Cola möchte, muss mitunter regelrecht derb werden. Im Rheinland beispielsweise, wo ein Kellner sich ein »Drecksack« notiert, statt beleidigt von dannen zu ziehen. Um in diesem Chaos den Überblick zu behalten, sei hier eine kleine Orientierungshilfe für die unterschiedlichen Mischgetränke anheimgestellt:

BIER MIT COLA

- Diesel (Köln, Bonn, Eifel)
- Drecksack (Rheinland)
- Gespritztes (Saarland)
- Gestreiftes (Wetterau/Hessen)
- Kalter Kaffee
- Krefelder (im Ruhrgebiet auch Bier mit Malzbier)
- Schmutz (Ostwestfalen)
- Schuss, Schussbier (Saarland, z. T. Rheinland-Pfalz)
- Schweinebier

BIER MIT ZITRONENLIMONADE

- Panaché, Panasch (Deutschschweiz, Frankreich, Luxemburg)
- Potsdamer (Bremerhaven)
- Radler (manchmal auch mit Apfelsinen- und Kräuterlimonade)
- Russ, Russn'maß (Bayern)
- Stange (Berlin, Brandenburg, nördliches Sachsen-Anhalt)
- Wurstwasser

WEITERE BIERMISCHUNGEN

- Alster: Pils mit Orangenlimonade (Ruhrgebiet, Rheinland, z. T. Berlin) oder mit Apfelsinchen (Bielefeld, Kreise Minden-Lübbecke, Herford), Pils mit Himbeer- (Lübeck, z. T. Nordniedersachsen) oder Ananasbrause (Lübeck, Hamburg, z. T. Niedersachsen)
- BMW/Bier mit Wasser: Pils mit Mineralwasser (Münsterland)
- Gespritztes: Bier mit Fassbrause (Berlin, Brandenburg)
- Potsdamer/Pots(i): Bier mit roter Fassbrause (Ostdeutschland, Nordwestdeutschland)
- Radler sauer, Radler trocken: Bier mit Mineralwasser (Sächsische Schweiz)
- Red Eye, Red Beer: Bier mit Tomatensaft
- Sauschneider: Bier mit Himbeerlimonade (Österreich)
- Schwuchtel: Kölsch/Pils mit Apfelsaft/Apfelschorle
- Schneewittchen: ebenfalls Bier mit Mineralwasser

BIER MIT ANDEREM ALKOHOL

- Alt-Schuss: Altbier und Hefeweizen oder Altbier mit Himbeersirup und Fruchtlikör (v. a. in Münster)
- Goaß, Bumber: Cola mit Kirschlikör/Cognac und Ei (Bayern)
- Schwarze, Hirschmaß: Cola mit Kirschlikör (Bayern)
- Kowalsky: Whiskey mit Schnaps
- Laternmaß: Zitronenlimonade mit Kirschlikör; z. T. auch mit Weiß- oder Apfelwein

Die deutschen Bierpromis

Baden-Württemberg	Eichbaum
Bayern	Oettinger
Berlin	Berliner Kindl
Brandenburg	Neuzeller
Bremen	Beck's
Hamburg	Holsten
Hessen	Binding Bier
Mecklenburg-Vorpommern	Darguner
Niedersachsen	Jever
Nordrhein-Westfalen	Krombacher
Rheinland-Pfalz	Bittburger
Saarland	Karlsberg
Sachsen	Radeberger
Sachsen-Anhalt	Köstritzer
Schleswig-Holstein	Flensburger Pilsener
Thüringen	Hasseröder

Liste der deutschlandweit umsatzstärksten (und vermutlich somit auch bekanntesten) Biere je Bundesland nach Brauereistandort.

Weltoffenes Bremen

Der Bremer an sich ist nicht nur sehr gastfreundlich, sondern auch sehr weltoffen. Hier kommt daher eine kleine Starthilfe, um der Weltverbundenheit beim nächsten Kneipenbesuch Ausdruck verleihen zu können: Prost international!

Afrikaans: Gesondheit! Cheers!
Albanisch: Gëzuar!
Amharisch (Äthiopien): Letienatschin!
Arabisch: Fi sihatik!
Armenisch: Keenatzd!
Aserbaidschanisch: Saglığına!
Baluchi (Iran): Vashi!
Baskisch: Topa Eskerriska
Bengalisch: Tschiars!
Bosnisch: Živio!
Bretonisch: Yec'hed!
Bulgarisch: Nazdrave
Chinesisch: Gānbēi!
Dänisch: Skål!
Englisch: Cheers! Cheerio! Bottoms Up!
Estnisch: Terviseks!
Finnisch: Kippis!
Französisch: À la tienne/votre! (Santé!) À votre santé!
Georgisch: Vakhtanguri! Gagimardschos!
Griechisch: Stin ijiá mas! (Jámas!)

Grönländisch: Kasugta!
Hawaiianisch: Mahalu!
Hebräisch: Le'chájim!
Hindi (Indien): Mubarik! Cziiarz!
Indonesisch/Malayisch: Apa boleh buat!
Iranisch (persisch): Salomati!
Irisch: Slàinte!
Isländisch: Skål!
Italienisch: Salute!
Japanisch: Kanpai!
Jiddisch: Mazeltov!
Katalanisch: Salut!
Koreanisch: Geon-bae!
Kirgisisch: Den-sooluk ütschün!
Kroatisch: Na zdrāvlja! Uzdravlje
Kurdisch: Noşî can be!
Lettisch: Uz veselibu!
Litauisch: Į sveikatą
Libanesisch: Kesak!
Litauisch: I sueikata!
Maltesisch: Evviva
Neuseeland: Kia-Ora!
Niederländisch: Proost!
Nigerianisch: Mogba!
Norwegisch: Skål!
Persisch: Salam ati!

Polnisch: Na zdrowie!
Portugiesisch: À sua Saúde!
Punjabi: Khushiyaan!
Rätoromanisch: Viva!
Rumänisch: Noroc! Sanatate!
Russisch: Na sdarówje!
Schwedisch: Skål!
Serbokroatisch: 'ivjeli!
Somalisch: Auguryo!
Spanisch: ¡Salud!
Tagalog (Philippinen): Mabuhay!
Thailändisch: Chokdee!
Tschechisch: Na zdraví!
Türkisch: Şerefe!
Ungarisch: Egészségére!
Urdu (Pakistan): Djam!
Vietnamesisch: Chúc súc khỏe!
Walisisch: Iechyd da!

Das deutsche »Prost« leitet sich übrigens vom manchmal ebenfalls in der Ursprungsform verwendeten lateinischen »prosit« ab, das die 3. Person Singular Konjunktiv Präsens des Wortes »prodesse« ist, was »nützen« und »zuträglich sein« heißt. Man wünscht also, dass »es nütze/zuträglich sei«. Schön!

Eins trink ich, weil ich durstig bin,
ein zweites, weil's mir schmeckt,
ein drittes, weil's nach meinem Sinn,
das Vierte weil mich's weckt.
Ein fünftes, sechstes, siebtes dann,
trink ich, weil ich's nicht lassen kann.
Ich greif zum achten, neunten, zehnten,
weil die sich nach den Brüdern sehnten.
Mich dünkt, die Füße werden schwach,
drum gieß ich eins zur Stärkung nach.
Und – tränk ich nun das zwölfte nicht,
verlör' ich schier das Gleichgewicht.

Deutscher Trinkspruch,
hier in einer Version von 1842

Bremens zweitbestes Bier

STOPPT BIERVERSUCHE HEMELINGERIE
BREMENS ZWEITBESTES BIER
NICHT GERADE DAS HELLSTE
GEILE KISTE JETZT MAL BIER BEI DIE EIER
BREMENS SCHÖNSTE FAHNE
ISCHA HEMELINGER DEIN BIER, HASE
EY, ALSTER ICH BIN KÄUFLICH
GEGEN HOHE SPRITPREISE SEIT 1878
HEUTE BRAUCHEN WIR EIN GLÜCKSPILS
BIERPFLEGER GESUCHT
ALSTER VOR SCHÖNHEIT KALT GEMACHT
DAS BIER IM MANN
DEN BAYERN NICHT DAS FELD ÜBERLASSEN
ENDLICH WIEDER BOCK HABEN
MACHT DIE ORANGEN FLASCHEN ALLE
NICHT BEKANNT AUS FUNK UND FERNSEHEN
DAFÜR MUSS MAN EIER HABEN
GUTEN FREUNDEN GIBT MAN GERNE EIN KISTCHEN
WOCHENEND UND KALTGETRÄNK

Plakat-Werbung für das Bremer Traditionsbier »Hemelinger« – das heute allerdings gar nicht in der Hansestadt, sondern im Hofbrauhaus Wolters in Braunschweig gebraut wird.

»Wir sind Männer und trinken keine Fanta«

Männer, Fußball, Bier – diesem Dreiklang hat Bremen verschiedene Kuriositäten zu verdanken, unterem anderem die Erkenntnis, dass Sepp Herberger Unrecht hatte: Ein Fußballspiel dauert nicht für jeden zwingend 90 Minuten. Und das kam so: Es war der 8. November 1975, als der junge Schiedsrichter Wolf-Dieter Ahlenfelder sein drittes Bundesligaspiel pfeifen sollte. Und er pfiff – zur Halbzeit allerdings schon nach 32 Minuten. Es war nicht die einzige auffällige Aktion des Schiris mit der etwas anderen Fahne, aber bei Weitem die Aufsehen erregendste. Immerhin ließ er sich von den Spielern und seinem Linienrichter überreden, das Spiel noch ein wenig laufen zu lassen, um dann immer noch 90 Sekunden zu früh endgültig zur Pause zu pfeifen.

Die Aufregung war groß, doch Ahlenfelder hatte für sein Missgeschick eine Ausrede, die alle Kritiker verstummen ließ: »Wir sind Männer und trinken doch keine Fanta.« Es seien schließlich auch nur ein Bier und ein Malteser zum Mittagessen gewesen.

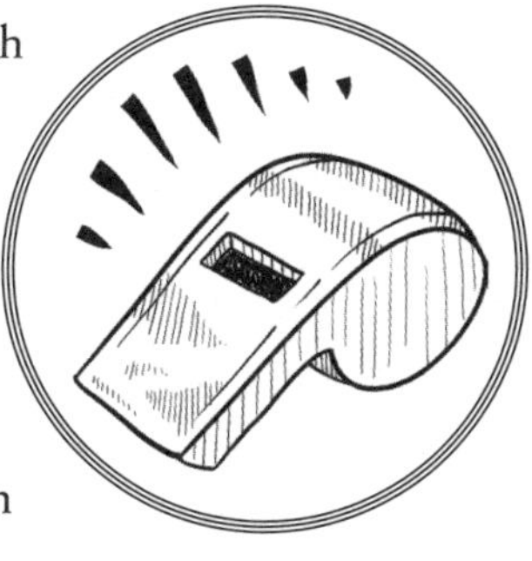

Heutzutage wäre seine Karriere als Schiedsrichter mit diesem Fauxpas beendet gewesen, doch damals ließ man Ahlenfelder weiter pfeifen. Er kam in den Jahren 1975 bis 1988 auf immerhin 103 weitere Einsätze als Schiedsrichter in der Bundesliga. In dieser Zeit kam er mit nur vier roten Karten aus, wurde 1983/84 als bester Schiri mit der »Goldenen Pfeife« ausgezeichnet und 1987 von den Spielern der Liga zum besten Unparteiischen gewählt.

Er war beliebt für seine markigen Sprüche wie das an Trainer Otto Rehhagel gerichtete »Bleib auf deinem Hintern sitzen, sonst komme ich mit Pattex zu deiner Bank.« oder seine rustikale Ansprache an liegende Spieler: »Junge, steh auf, die Rasenheizung ist nicht an.«

Und er war bekannt für seine Vorliebe für das eine oder andere »Pilsken«, wie er es selbst gerne sagte.

Manchmal auch für die Kombination aus beidem, etwa mit der Ermahnung an den ruppig agierenden Bochumer Jupp Tenhagen: »Jupp, bisschen ruhig, wir wollen doch gleich noch ein Bier zusammen trinken?«

»Der Ball ist rund und das Spiel dauert 90 Minuten.«

Sepp Herberger (1897–1977), deutsche Fußball-Legende

Dabei war der Spaß am Spiel für ihn der größte Lohn. Für seinen Einsatz bekam er zunächst nur 24, später 72 Mark Spesen. Ahlenfelder dazu: »Wenn ich eine Runde geschmissen habe, war der Samstag schon ein Minusgeschäft.«
Doch Wolf-Dieter Ahlenfelder wäre vermutlich längst vergessen, wenn er an jenem 8. November 1975 die erste Halbzeit zwischen Werder Bremen und Hannover 96 regulär abgepfiffen hätte.
Noch heute bekommt, wer in Bremen einen »Ahlenfelder« bestellt, ein Herrengedeck, bestehend aus einem Bier und einem Malteser.

»Unsinn!«

Der Autor, deutscher Fußballfan

Fortuna

In Bremen ist schon häufig Fußballgeschichte geschrieben worden, mitunter sogar – und das ist hier durchaus erwähnenswert – ganz ohne den Einfluss alkoholischer Getränke. Das allererste Tor der Bundesliga zum Beispiel fiel am 24. August 1963 im Weserstadion. Nur 58 Sekunden, nach manchen Quellen sogar noch kürzer, dauerte es, bis ein gewisser Friedhelm »Timo« Konietzka den Ball ins Bremer Tor beförderte. Leider stand er bei Borussia Dortmund unter Vertrag … Ein kleiner Trost: Werder siegte damals trotzdem mit 3:2. Oder denken wir an die legendären »Wunder von der Weser« unter König Otto, wunderbarer Werder-Trainer von 1981 bis 1995. In seine Zeit fiel auch das kurioseste Eigentor, das sich denken lässt: Am 4. Dezember 1982 war es, als sich der Frankfurter Keeper Jürgen Pahl in der dritten Minute den Ball beim Spiel zwischen Werder Bremen und Eintracht Frankfurt selbst ins Tor warf. Und das angeblich völlig nüchtern. Leider gibt es davon keine Fernsehaufnahme, weil damit nicht einmal der Kameramann gerechnet hatte. Endstand: 3:0 für Werder.

Und freudentrunken erheben die Bremer auch heute noch das Glas auf jene sagenumwobene Papierkugel, die ein HSV-Fan am 7. Mai 2009 in den Strafraum warf. Sie lässt nicht nur heute noch die Bremer Herzen höher hüpfen, sondern damals auch den Ball ein Stück. Der Hamburger Gravgaard erwischte den Ball dadurch so unglücklich, dass er eine Ecke verursachte. Der HSV kassierte in der 82. Minute ein Ecktor – und eine schmerzliche Niederlage gegen Werder sowie das Aus im UEFA-Cup. Ein Traum, nicht nur für Werder-Anhänger, sondern auch für die Fans des Lokalrivalen St. Pauli. Begeistert trug man hier wie dort T-Shirts, Schals, Buttons mit Liebesbekundungen an die »Papierkugel Gottes«, zum Beispiel in geschliffenstem Englisch: »I love Papierkugel«. Doch ehe vom Volkssport Nummer 1 nun ein falscher Eindruck entsteht, man gar meint, Fußball sei stets ausschließlich biererernst, sei erwähnt: Werders Geschichte ist ebenso voller Kuriositäten, in denen Alkohol eine bedeutsame Rolle zukommt. Beispielsweise jene, die sich am 15. November 1969 beim Match zwischen Werder Bremen und Rot-Weiss Essen abspielte. Beide Mannschaften stemmten sich verzweifelt gegen den Abstieg. In der 70. Minute schoss Essen den Ausgleich. Grund für einen angesäuselten Bremer Fan, seinem Team Hilfestellung zu geben. Torkelnd überwand er die Balustrade – Zäune gab es damals noch nicht – und lehnte sich provozierend an den Pfosten des gegnerischen Tors. Als die wackeren Bremer im Strafraum auftauchten, rannte er trotz oder gerade wegen seines alkoholisierten Zustandes auf das Spielfeld und versuchte, den Ball zu erhaschen. Essens Torwart war von dieser heldenhaften Tat dermaßen überrascht, dass Werders Stürmer Ole Björnmose den Ball in aller Ruhe ins gegnerische Netz schlenzen konnte. Während der angetrunkene Bremer nach einem Tänzchen das Weite suchte, entschied der Schiedsrichter zur Überraschung aller: regulärer Treffer. Tor für Werder. Mit alkoholfreiem Bier im Stadion wäre das womöglich nie passiert.

Bier ist der Beweis, dass Gott uns liebt und will, dass wir glücklich sind.

Benjamin Franklin (1706–1790),
amerikanischer Gelehrter und Staatsmann

Gemütlichkeit

wird da empfunden,

wo Bier, Durst und Humor verbunden.

Deutsches Sprichwort

Bierbad

Beck's hat die Bierproduktion für Deutschland in den letzten zehn Jahren um 20 Prozent gesteigert.

Am Standort Bremen werden rund 5 Millionen Hektoliter (500.000.000 Liter) pro Jahr gebraut. Mit dieser Menge könnte das Stadionbad 75,76 mal mit Bier gefüllt werden – und dürfte sich dann auf jeden Fall auch »Spaßbad« nennen …

Beck's

eine Bremer Erfolgsgeschichte

Beck's schmeckt. Weltweit werden laut Unternehmensangaben in jeder Sekunde 50 Flaschen Beck's getrunken. Auch in den USA ist kein deutsches Bier beliebter als das flüssige Gold aus Bremen. Bis 2012 wurde es nach Amerika exportiert. Doch dann nahm der Durst auf Beck's überhand. 600.000 Hektoliter werden dort jährlich getrunken. Mit der Lieferung kam die Brauerei kaum noch nach.

Die Lösung lag auf der Hand: eine Brauerei vor Ort. In St. Louis/Missouri. Dennoch heißt es auch weiterhin verkaufsfördernd: »Originated in Germany« oder »German Quality«. Eigentlich korrekt. Nur, dass das Bier mittlerweile in den USA gebraut wird. Und Beck's zu Anheuser-Busch InBev gehört, einem internationalen Konzern mit rechtlichem Sitz in Brüssel.

Was ist daran also eigentlich noch »deutsch«, fragten sich die Verbraucherschützer. Und haben rechtlich wohl gute Karten. Jedenfalls hat sich Anheuser-Busch InBev 2015 dazu bereit erklärt, den enttäuschten amerikanischen Konsumenten Schadensersatz zu leisten.

Es geht eben nichts über deutsches Bier. Vor allem, wenn es aus Bremen kommt.

Boomtown Bremen

Bremen ist durch den Handel groß geworden. Ihm ist zu verdanken, dass sich die Hansestadt trotz des offensichtlichen Mangels an Weinbergen sogar zur Weinmetropole entwickeln konnte. Viel wichtiger als der Handel mit Wein war in Bremen allerdings von alters her der Handel mit Bier.
Als erster Bierbrauer wurde Lambertus Braxator im Jahre 1229 urkundlich erwähnt. Bereits zu jener Zeit exportierten norddeutsche Brauereien den Gerstensaft in gewaltigen Mengen über die bremischen Häfen ins durstige Ausland, vor allem nach England, Belgien, Skandinavien und in die Niederlande. Damit war und ist Bremen die erste und älteste Bierhandelsstadt überhaupt, bevor auch Hamburg langsam ins Geschäft kam.
Umgekehrt wurden vor allem Wein, Öl, Getreide, Kupfer, Eisen, Leder und Stoffe importiert. Möglich machte das die Hanse, dank derer es schon damals, vor annähernd 800 Jahren, einen gemeinsamen Markt gegeben hatte, zum Nutzen aller – jedenfalls soweit sie der Hanse angehörten. Es gab polnischen Senf in London, türkische Rosinen in Brügge und italienische Feigen in Bergen. Und überall genoss man zu allem bremisches Bier …

Wornach ein jeder sich zu richten

Gleichwie Ein Hoch-Edler Hoch-Weiser Raht dieser Stadt sich jederzeit angelegen seyn lassen, daß die, so wohl dem Publico, als denen hiebey interessirten Privatis, so nutzliche Brauerey hieselbst in ihrem Flor conferviret, und zu mehrerer Aufnahme gebracht werden möchte; Also hat Derselbe auf den von der Brauer-Societät ohnlängst am Sonnabend für Lætare deßhalber für dem Raths-Stuhl beschehenen abermahligen Antrag und geziemendes Ansuchen nicht ermangeln wollen, die zum Besten der Societät vorhin bereits emanirte Verordnungen und Conclusa hiedurch nicht nur zu renoviren, sondern auch zu desto besserer Præcavir- und Abstellung einiger diesem entgegen nach und nach eingeschlichenen und noch weiter zu besorgender schädlicher Unternehmungen, Eingriffe, und Mißbräuche ferner hiemit anordnen und gebiehten wollen, daß

(1) Hiesiges Tonnen-Macher-Ampt die Bier-Tonnen und kleinere darzu benöthigte Fustages von gutem tüchtigen Holtze, mit genugsahmen Bänderen, in behöriger Bonität verfertigen und deren eine hinlängliche Quantität jederzeit vorräthig haben solle, damit die Brauer-Societät ohne einigen Auffenthalt damit providiret werden könne, worgegen dennoch dieselbe hinwiederumb wegen des anitzo gestiegenen Preyses vom Holtze, die Tonnen auch

ins künfftige der Billigkeit nach in etwas höher zu bezahlen haben wird. Wan aber auch

(2) mehrmahlen darüber geklaget worden, daß die Bier-Fahrer, Karren-Schieber, Kahnen-Fahrer, und andere, welchen Bier-Tonnen anvertrauet worden, sich gelüsten lassen, dieselbe zu veräusseren und von Händen zu bringen, oder auch durchzuschneiden, oder sonst zu zernichten; Als wird solches ernstlich hiermit verbohten, und sollen der- oder diejenige, so hieran schuldig befunden werden möchten, von dem Herrn Camerario für einer jeden solcher gestalt an die Seite gebrachten Tonne auf 2. Rthlr. in Straffe genommen, und demjenigen, der solches angeben würde, der dritte Theil sothaner Straffe jedesmahl ohnfehlbar zugekehret, dessen Nahmen aber verschwiegen werden.

(3) Soll niemand ausserhalb der Brauer-Societät sich unterstehen, in der Alten Stadt aus seinen eigenen oder auch darzu gemiehteten Häuseren oder Kelleren Bier zu verzapffen, und ausserhalb Hauses zu verkauffen. Jedoch sind hievon ausgenommen die absonderlich hierauf privilegirte Häuser, als welchen die Verzapffung und der Verkauff des Biers, jedoch nicht nach der Brauer-Maasse, frey verbleibet. Fals aber sonst jemand dessen sich unterwinden würde, soll demselben auf beschehene Denunciation nicht nur alsofort solche Nahrung gelegt werden, sondern ohnedem noch eine scharffe Bestraffung darauf erfolgen; Gestalten dan auch

(4) bey gleichmäßiger Ahndung denen Mit-Gliedern der Brauer-Societät verbohten wird, ihre Keller oder Woh-

nungen an jemanden anderes zu dem Zweck, daß derselbe Bier daraus zapffen möge, ins künfftige überzulassen oder zu vermiehten. So wird auch

(5) denen Braueren, so lange sie diese Profession treiben, bey willführiger schwerer Straffe verbohten, darbeneben sonst noch ein oder andere Nahrung, es sey Höckerey, Brandeweins-Brennen, oder Mit-Haltung einer Gilde, oder Ampts, oder, wie solche auch Nahmen haben möchte, weder in ihrem eigenen, weder in anderen Wohnungen, weder selbst, noch auch durch andere, zu exerciren, oder durch andere exerciren zu lassen. Worbey dennoch denenselben die bisher jederzeit gehabte Freyheit, umb en grots zu handeln, auch fernerhin verstattet und zugelassen wird. Als aber

(6) sich befunden, daß die eine Zeit hero eingerissen Höckerey mit Maltz und Geste ausserhalb dieser Stadt und darzu gehörigen Lande, der hiesigen Brauerey zum besonderen Schaden und Nachtheil gereiche, so soll dieselbe kunfftighin keinem Brauer zugestanden, sonderen, da jemand deren sich unternähme, mit nachdrucklicher Straffe wieder denselben verfahren werden. Dieweilen auch

(7) die Erfahrung es ergiebet, daß von denen Krügeren zum nicht geringen Præjuditz der Brauer wegen des geliefferten Biers und unter einander habender Rechnungen offtmahlen unnöhtige Disputen entstehen; Als wird

(8) allen und jeden Krügeren hiemit anbefohlen, daß auf dem Fall, da sie ein- oder andere Einwürffe, entweder gegen die Qualität und Tüchtigkeit des von den Brauern

an sie gelieфerten Biers, oder auch wegen der Tonnen, oder einer wegen der so genannten Auf-Tonnen oder sonst prætendireten etwanigen Abkürtzung zu haben vermeyneten, sie solche innerhalb eines vierthel Jahres nach der mit ihnen geschehenen Abrechnung beyzubringen, schuldig seyn, in dessen Entstehung aber nachhero gar nicht ferner darmit gehöret werden sollen. Damit aber auch

(9) die zur Brauerey erforderte Feurung, als Holtz und Torff, auf eine ohnerlaubte Art im Preyse nicht gesteigert, auch die bey deren Aufbringung verabspührte Unterschleiffe hinführo vermieden werden, so soll

(10) die von einigen practicirte ohnzuläßige Vorkäufferey, Auflegung und Wieder-Verhöckerung des Brenn-Holtzes von nun an allen und jeden dieser Stadt Bürgeren und Einwohneren bey schwerer des Herrn Camerarii Straffe hiermit verbothen seyn, nicht weniger auch,

(11) dafern es ausfundig gemachet werden möchte, daß, gleichwie bisher selbiges wohl geschehen seyn soll, ins künfftige jemand sich gelüsten liesse, bey Ausladung des Torffs aus denen Schiffen einen Theil desselben ins Wasser zu werffen, und entweder solcher Gestalt oder auf eine andere Art höchst-straffbahrer Weise abhänden zu bringen, so sollen der, oder dieselbe, welche dessen sich unternehmen würden, mit ohnausbleiblicher harter und dem Befinden nach würcklicher Leibes-Straffe angesehen werden. Dieweilen auch

(12) sich geäussert, daß nach und nach eine grosse Menge von Bier- und Cider-Eßig aus der Frembde in diese

Stadt gebracht, und davon der gebührende Comsumptions-Importe behörig nicht entrichtet werde, welchen doch die hiesige Brauer von dem Ihrigen zu bezahlen, schuldig; So wird hiemit angeordnet, daß ein jeglicher hiesiger Burger und Einwohner von einer jedweden aus der Frembde anhero gebrachten und allhie zu consumirenden Tonne Bier-oder Cider-Eßig 48 Grote an die Consumptions- und 24 Grote an die Accise-Kammer zu entrichten, schuldig seyn, derjenige aber, so selbiges verabsäumen würde, mit allem Nachdruck bestraffet werden solle.
Wornach ein jeder sich zu richten, und für Schaden zu hüten hat.
Publicatum Bremen, den 29. May 1739.

Diese Bremer Brauereistatuten beweisen: Beamtendeutsch war damals wie heute ohne den Konsum alkoholischer Getränke nur schwer zu ertragen …

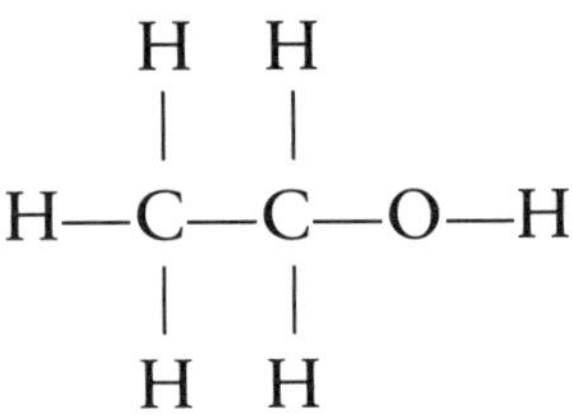

Chemische Formel von Ethanol, vulgo: Alkohol

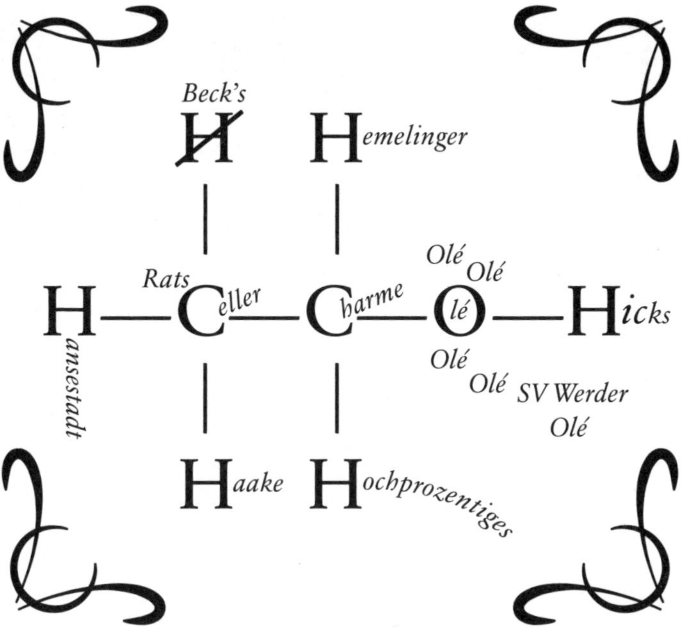

Bremische Formel von Ethanol

Die chemische Analyse der sogenannten
dichterischen Inspiration ergibt
neunundneunzig Prozent Whisky
und ein Prozent Schweiß.

William Faulkner (1897–1962), amerikanischer Schriftsteller

Der Hall der Halle

Dass der Ratskeller zahlreiche Weine zu bieten hat, ist allgemein bekannt. Und auch seine akustische Besonderheit wurde bereits 1848 im »Neuesten Wegweiser durch Bremen und seine Umgebungen« angepriesen. Zur Verdeutlichung dieser denke man sich folgendes Bild:

Eine matronenhafte Mutter, ein gestrenger Vater und als Tochter eine hinreißende 90-60-90-Schönheit. Nun setze man die nörgelnden Eltern an einen Tisch in der Mitte des Hauffsaals und die liebreizende, lebenshungrige Tochter neben eine Säule an den Rand, ebenso auch sich selbst neben eine gegenüberliegende Säule am anderen Ende des Saales. Wispert Mann ihr nun, durch den Rheinwein inspiriert, von Säule zu Säule etwas Frivoles zu, so bekommt die Holde jedes Wort mit, während die möglichen künftigen Schwiegereltern keinen Ton hören. Eine Chance, die nicht vertan werden sollte!

Zudem ist diese Eigenheit der Grund dafür, dass der (von Max Slevogt ausgemalte) Hauffsaal auch als »Echosaal« bekannt ist. Und Ursprung des folgenden Gedichts:

»Beim Wein bewahre wohl Dein Wort
Hier geht kein Wort verloren.
Der Pfeiler führt's zum Pfeiler fort.
Die Wände haben Ohren.«

Die grundlegende Frage, ob diese Verse nun von Artur Fitger oder seinem Freund Hermann Allmers stammen, konnte nicht geklärt werden. Sie entzweit die Gelehrten für alle Zeiten.

Ein kundiger Fechter rauft nicht.
Ein Trinker, ein rechter, sauft nicht.

definitiv von Arthur Fitger (1840–1909),
deutscher Maler und Dichter

Muntere Weinäuglein

Wein, Weib und Gesang – dieser altbewährte Dreiklang ist oft besungen worden, unter anderem in der zweiten Strophe des Deutschlandlieds von Hoffmann von Fallersleben:

»Deutsche Frauen, deutsche Treue,
Deutscher Wein und deutscher Sang
Sollen in der Welt behalten
Ihren alten schönen Klang«

Während der eine nun also von der Muse geküsst wird, überkommt den anderen eine alkoholschwangere »Phantasie«. Einer der letzteren Sorte war Wilhelm Hauff, der 1826 nach dem Besuch des Ratskellers seine bekannte Novelle »Phantasien im Bremer Ratskeller – Ein Herbstgeschenk für Freunde des Weines« verfasste. Auslöser war, wie so oft, das Ausbleiben des herbeigesehnten Kusses.
Am 2. September 1826 war Hauff vom legendären Bremer Bürgermeister Johann Smith sowie den Senatoren Franz Friedrich Droste und Johann Gildemeister durch die Räume des Ratskellers geführt worden, auch in jene, die Normalsterblichen ansonsten verborgen bleiben. Dabei durfte er sogar die edelsten Tropfen, also Apostelweine und Rosewein, kosten. Besonders fasziniert zeigte er sich aber von der Darstellung des Bacchus, der freizügig und genießerisch die Wonnen des Weinkonsums verkörpert:

»Wie fröhlich und munter reitet der alte Knabe auf dem Fass! Das runde, blühende Gesicht, die kleinen munteren Weinäuglein, die so klug und neckend herabsehen, der breite, lächelnde Mund, der sich an mancher Kanne schon versuchte, der kurze kräftige Hals, das ganze Körperchen von behaglichem, guten Leben strotzend!«

Ursprünglich wollte Hauff nur fünf Tage in Bremen bleiben, doch nachdem er sich bei einem seiner zahlreichen Bremer Hausbesuche Hals über Kopf in eine junge Frau verliebte, wurden daraus immerhin elf. Nicht mehr, denn seine Liebe wurde nicht erwidert, sodass Hauff nach einer weinseligen Nacht im Ratskeller frustriert nach Hamburg weiterfuhr. Vollgestopft mit wundersamen Eindrücken schrieb er fieberhaft an seinem »Herbstgeschenk für Freunde des Weins« – vielleicht auch, um seiner Liebschaft vor Augen zu führen, welch großen Autor sie hatte ziehen lassen. Die Macht der Liebe, sie ist nicht zu unterschätzen …

Leider konnte er seinen literarischen Erfolg nicht mehr genießen, geschweige denn mit einem guten Ratskellerwein begießen. Etwas mehr als ein Jahr nach seinem Bremen-Besuch, am 27. November 1827, starb Wilhelm Hauff mit nur 24 Jahren an einer Typhus-Erkrankung.

Grässlich! Abscheulich!

Um der Wahrheit hier die Ehre zu geben, darf natürlich nicht verschwiegen werden, dass auf den Ratskeller nicht ausschließlich Loblieder gesungen wurden. August Strindberg, der bedeutende schwedische Schriftsteller, zeigte sich über die Entwicklung des Ratskellers entsetzt. Im September 1883 schrieb er im Zug von Bremen nach Osnabrück:

»Grässlich! Abscheulich, diese Reise. Ich war fast die ganze Zeit krank; ich lag krank in Stralsund und trank Fliedertee. Restaurierte mich mit Austern (außerordentlich) und Rheinwein im Ratskeller zu Lübeck und dito im guten Ratskeller zu Bremen.
In diesen Ratskellern war nicht mehr die gleiche Stimmung wie früher. Gaslampen und Anzeigenplakate zerstören den Effekt! Ich wusste ja schon im Voraus, dass nichts den Beschreibungen entspricht und bin darum nicht allzu sehr enttäuscht.«

Immerhin erhält der Bremer Ratskeller im Vergleich zu dem in Lübeck noch das Attribut »gut«. Ein schwacher Trost, aber besser als Fliedertee ist er allemal.

Sodom und Gomorrha in den Priölken

In Reiseführern scheint stets die Sonne. Der Himmel auf den Fotos ist blauer als der über Capri. Die Bevölkerung ist arbeitsam und zuvorkommend. Unsittliches ist allenfalls im Rotlichtviertel von Amsterdam denkbar. Und in Bremen.

Vorhang auf für das Kopfkino: In allen Reiseführern wird genüsslich ausgeführt, dass die Priölken (plattdeutsch »Lauben«) im Ratskeller, also die 1599 eingerichteten Separees für bis zu fünf Personen, bis zum heutigen Tage nur dann geschlossen werden dürften, wenn nur eine oder mindestens drei Personen anwesend seien.

Eigentlich gibt es dafür nur zwei mögliche Erklärungen: Entweder, es haben sich in grauer Vorzeit, vom Alkohol enthemmt, heiße Amouren im Ratskeller abgespielt, die ein entschiedenes Durchgreifen erforderlich machten. Oder aber, die Betreiber des Ratskellers wurden schon vor mehr als vierhundert Jahren von schlüpfrigen Gedanken getrieben, unter denen die sittsamen Bremer noch heute leiden müssen.

Jedenfalls wird noch heutzutage streng über Sitte und Anstand gewacht. Ausnahmen werden nicht geduldet. Die Tür bleibt beim Tête-à-Tête offen. Basta.

Allerdings stellt sich doch die Frage, warum unsittliche Handlungen zwischen drei oder mehr Personen offen-

sichtlich weniger tadelnswert sind als die zwischen zwei Menschen. Hinter vorgehaltener Hand wird zumindest gemunkelt, dass es in den Priölken auch mit mehreren Personen oft heiß hergegangen sein soll. Wenn nicht zu zweit, dann eben zu dritt, viert oder fünft. Wahre Trinkgelage sollen sich dort abgespielt haben. Solche, gegen die sich das alkoholische Kräftemessen zwischen russischen Oligarchen wie ein Kindergeburtstag ausnimmt.
Damals, versteht sich. Heutzutage wird in den Priölken natürlich nur noch ganz sittsam über Gänsebraten und Zitronencreme räsoniert. Wie vor einigen Jahren, als der Autor Walter Kempowski für die Zeitschrift »essen und trinken« als Lieblingsrestaurant den Bremer Ratskeller wählte. Dort sollten die erwartungsgemäß launigen Tischgespräche von der Journalistin Fee Zschocke protokolliert werden. Die Speisekarte wurde gebracht. Walter Kempowski, die Journalistin und der Fotograf studierten in erwartungsvoller Vorfreude die angebotenen Köstlichkeiten. Plötzlich klappte Kempowski die Karte zu, sah den Ober an und beschied: »Wie soll Frieden in die Welt kommen, wenn wir uns noch nicht einmal beim Mittagessen einig sind. Herr Ober, bitte drei Mal die Gans und als Nachtisch drei Mal Zitronencreme.«
Ob er auch den Wein bestimmte und was überhaupt zum Essen getrunken wurde, ist allerdings nicht bekannt.

Blutroter Wein

Nicht nur Blut, nein, auch Wein ist ein besonderer Saft. Auch wenn es unter waschechten Bremern verpönt ist, Orden anzunehmen, hat sich noch keiner der zu Ehrenden beleidigt gezeigt, stattdessen mit Ratskellerwein bedacht worden zu sein. Beamte bekamen in früheren Zeiten, lang, lang ist es her, so gut wie keine Besoldung, sondern wurden gleichfalls in Ratskellerwein abgefunden, den sie allerdings meistens versilbern mussten, um einigermaßen über die Runden zu kommen. Ähnlich verhielt es sich bei Scharfrichtern, die zwar einen gewissen Lohn für ihr blutiges Tagesgeschäft erhielten, zusätzlich aber noch eine flüssige Draufgabe aus dem Ratskeller beanspruchen konnten, von deren Menge ein altes Lied zeugt, das in Bremen gerade nach Hinrichtungen begeistert gesungen wurde:

»Ob er gehängt, gerädert, ob geköpft,
Was jedenfalls doch sehr erschöpft,
Zur Stärkung nach der schlimmen Pein –
Für seinen Dienst vier Flaschen Wein.«

Aus unbekanntem Grunde ist diese Annehmlichkeit in Vergessenheit geraten.

Das schwarze Loch

Es ist der Silvesterabend des Jahres 1561. Einige junge Männer sitzen im Ratskeller zu Bremen und spielen um Geld. Um sehr viel Geld. Doch das Würfelglück ist dem Zimmermeister Hein Barthold nicht gewogen. Eine Runde nach der nächsten geht verloren. Der Wein rinnt wie Wasser durch durstige Männerkehlen. Allmählich verabschieden sich die Spieler, um das Jahresende im Kreise ihrer Lieben zu feiern. Schließlich sitzt Barthold alleine in der dunklen Nische links unten am Eingang des Bacchuskellers. Bei ihm ist nichts mehr zu holen.

Doch dann passiert etwas Furchterregendes in dem rabenschwarzen Gewölbe. Während Barthold weitere Schoppen Wein leert, erscheinen seltsame Wesen und fordern den Zecher heraus. Totengerippe sind es, mit denen er um Leben und Tod spielt. Und verliert.

Am nächsten Morgen wird er tot aufgefunden, mit dem Kopf auf der Tischplatte. Niemand wagt es, den gottlosen Gesellen anzufassen, der sich auf ein Spiel mit dem Teufel eingelassen hat. So wird er kurzerhand in seiner Nische, dem schwarzen Loch, eingemauert.

Noch heute sind in Silvesternächten das Klötern von Würfeln und ein seltsames Poltern zu hören. Seit dem Silvesterabend 1561, Jahr für Jahr.

So hat es Wilhelm Hauff in seinen »Phantasien« beschrieben. So lässt es uns immer noch einen Schauer nach dem nächsten über den Rücken laufen. Seltsam nur, dass der Bacchuskeller, in dem sich das schwarze Loch befindet, erst 1620, also fast sechzig Jahre später, gebaut wurde. Ein Rätsel, über das sich vermutlich am besten bei einem Schoppen Wein sinnieren lässt …

Ohne Wein und ohne Weiber
Hol der Teufel uns're Leiber!

Johann Wolfgang von Goethe (1749–1832),
deutscher Dichter

Wer nicht liebt

Wein, Weib und Gesang,

bleibt ein Narr sein Leben lang.

Martin Luther (1483–1546), deutscher Theologe

As time goes by …

Arizona-Bar, Klosterkeller, Zigeunerkeller, Pilsener-Urquell-Stube und Bodega-Bar – und das alles unter einem Dach.
Es war ein beeindruckendes und fröhliches Etablissement, das Emil Fritz am 5. September 1908 in der Bremer Katharinenstraße ins Leben gerufen hatte: das Astoria. Ein Varieté der Spitzenklasse, in dem Artistik, Komik, Tanz, Gesang und Unterhaltung oftmals für drei ausverkaufte Veranstaltungen am Tag sorgten. Sogar nachdem es im Krieg zerstört worden war, fand es nach dem Wiederaufbau an fast gleicher Stelle Anschluss an große Zeiten. Nationale und internationale Künstler traten auf, darunter Hans Albers, Willy Birgel, Rudolf Caracciola, Heinz Erhardt, Bernhard Ettè, Otto Gebühr, Heinrich George, Fritz Grünbaum, Trude Herr, Emil Jannings, Udo Jürgens, Paul Lincke, Theo Lingen, Carl Raddatz, Otto Reutter, Marika Rökk, Claire Schlichting, Siegfried & Roy, Vico Torriani, Claire Waldoff, Lotte Werkmeister, Zarah Leander … Die ganz großen Stars ihrer Zeit. So etwas hatte es in Bremen noch nicht gegeben.
Und in den vielen Nebenräumen des Varieté-Saals wurde gefeiert, als hätte es kein Morgen gegeben. Der Alkohol floss in Strömen. Doch dann war Schluss. Am Silvesterabend des Jahres 1967 fiel der Vorhang für alle Zeiten.
Heute geht es an dieser Stelle weitaus trockener zu: Dort befindet sich nun ein Bankgebäude.

11.11.11 um 11.11 Uhr

Genau zu diesem Zeitpunkt wurde in der Bremer Überseestadt die erste Brennerei für Premium-Brände eröffnet. Im aufwendigen Rau- und Feinbrandverfahren werden dort seither von Birgitta Rust in einer Art gläserner Manufaktur »piekfeine«, also besonders milde Schnäpse gebrannt. Seit September 2015 gibt es dort sogar den ersten Bremer Whisky, den »First Hanseatic Single Malt Whisky«, der unter dem Namen »Van Loon« erhältlich ist – benannt nach ihrem Mann Dietrich Schulze van Loon. Die Charakteristika des Getränks sind nach Herstellerangabe:

Farbe:	Bernstein-Rot
Nosing:	Vanille, Karamell, Honig, Schokolade, Pfeifentabak
Tasting:	Malz, Honig, Biskuit, Vanille, süßlich mit leichter Würze, Apfelsine, Aromen von Eiche und Schokolade, leichte Brandy-Note
Alkoholgehalt:	48 % Vol.

Ein etwas weniger erlesenes Getränk gibt es übrigens am 11.11. in jedem Jahr mitten in der Innenstadt. Genauer gesagt: Kölsch in der »StäV« in der Böttcherstraße. Zugegeben bekommt man das dort stilechte »Bier« auch an jedem anderen Tag im Jahr, aber an diesem einen beson-

deren wird in der »Ständigen Vertretung« die Karnevalszeit eingeläutet. Und wer glaubt, dass das nur in Kölle möglich ist, der lasse sich selbst eines Besseren belehren. Ob am 11.11., zur Weiberfastnacht oder am Rosenmontag – Jecken, wohin das Auge schaut.
Ein Hoch, Helau und Alaaf auf die alkoholische Vielfalt im weltoffenen Bremen!

Man muss dem Leben
immer um mindestens
einen Whiskey voraus sein.

Humphrey Bogart (1899–1957), amerikanischer Schauspieler

Rum muss sein – s-teifer Grog

»Rum muss sein, Zucker kann sein,
Wasser kann sein, muss aber nicht.«

Wer das beherzigt, der kann eigentlich mit einem wunderbaren Grog nichts falsch machen. Ach ja, und heiß gemacht werden sollte das Getränk natürlich auch noch, um dem Körper bei Bremer Schmuddelwetter und/oder Grippe noch mehr wohlige Wärme zu verleihen.
Wer »n büschn pingelig« ist, findet hier eine unnötige, aber ganz genaue Anleitung:

Man nehme:
5 cl dunklen Rum
20 cl heißes Wasser
1 Scheibe unbehandelte Zitrone
2–3 Stück braunen Zucker

Zucker im Grog-Glas mit heißem Wasser übergießen, Rum dazugeben, mit einem Glasstab umrühren, die unentbehrliche Präsentations-Zitrone am Glasrand befestigen und möglichst heiß trinken. Prozedur ggf. wiederholen, bis sich Schweißausbrüche einstellen.

In Bremen gilt Grog gerade in der kalten Jahreszeit als Lebenselixier. Dabei soll er ursprünglich aus England kommen. Um verdorbenes Wasser während längerer Schiffsreisen wieder genießbar zu machen, soll der Vize-Admiral der Royal Navy Edward Vernon (1684–1757) seinen Matrosen ab 1740 befohlen haben, es nur noch mit Rum versetzt zu trinken – im Verhältnis 1:4. Später kamen Zucker und, auch gut, Limettensaft dazu. Und der Spitzname eben jenes Vize-Admirals soll »Old Grog« gewesen sein, weil er stets einen wärmenden Umhang aus Grogram, einem Stoff aus Seide und Wolle, trug. Womöglich nur als Deckmäntelchen für die immer griffbereite und von innen wärmende Buddel Rum?
Das ist natürlich sehr weit hergeholt. In Wahrheit war der Erfinder ein Bremer namens Hinnerk Grog aus dem Schnoor. Diese Information aber bitte vertraulich behandeln, da die entsprechenden historischen Quellen erst noch gefälscht werden müssen.

Glühwein

Man nehme:

750 ml herben Weißwein

750 ml Roséwein

1500 ml Rotwein aus Bordeaux
(aber in Bremen gekauft)

300 g Zucker

1 unbehandelte Zitrone

2 Stangen Zimt

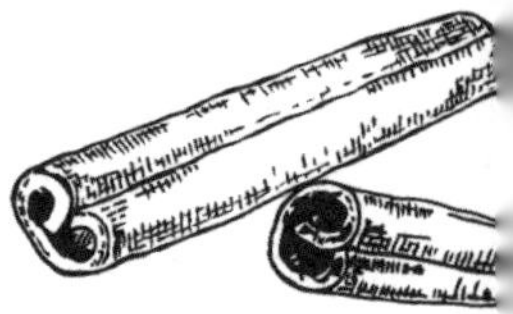

1 Msp. Muskat

5 Nelken

½ TL Piment

Arbeitszeit: etwa 15 Minuten
Ruhezeit: ca. 2 Tage

Schwierigkeitsgrad:

Das bekommt jeder hin, notfalls etwas Mut antrinken (dann aber die Mengenangaben entsprechend anpassen).

Den Wein mit Zucker, abgeriebener Zitronenschale und Gewürzen aufkochen. Den Topf von der Platte nehmen und ein bis zwei Tage zugedeckt stehen lassen. Abseihen und bis knapp unter den Rand in saubere Flaschen füllen. Sofort verschließen. Hält sich kühl und dunkel drei bis vier Wochen, wenn der Durst nicht schon vorher für vollendete Tatsachen sorgt.

Und wem das zu kompliziert ist:

Man nehme einen Liter Glühwein im Tetrapack vom Discounter seines Vertrauens, reiße die Pappe an einer Seite auf, ohne dass zu viel des süffigen Inhalts verschüttet wird, erhitze und trinke ihn und beschwere sich anschließend nicht über Kopfschmerzen.

Griechischer Glühwein

1973 brillierte der österreichisch-schweizerische Komponist, Pianist und Sänger Udo Jürgens mit seinem Schlager »Der Teufel hat den Schnaps gemacht«. Ottilie Hoffmann, Bremens vorderste Abstinenzlerin, hätte ihre wahre Freude am Text gehabt, immerhin betont der Refrain nicht nur das Verderben, in das bereits so mancher vom Schnaps gestürzt wurde. Sogar der Teufel persönlich bekommt einen Auftritt, um hämisch über den Trunkenen zu lachen.
Und auch ein weiteres, für Männer sehr tragisches Thema spart der Song nicht aus: die nachlassende Kraft der Lenden bei steigendem Alkoholpegel. Voller Inbrunst erklingt da weiter das Klagelied des Betrunkenen, der zuerst vom Alkohol berauscht und dann »beraubt« wird. Das ist grausam und fruchtbar!
Aber es hat Udo Jürgens nicht daran gehindert, seine Fans nur ein Jahr später den Hit »Griechischer Wein« zu servieren. Ottilie Hoffmann wäre ernüchtert gewesen.
Und in dieser Ambivalenz zeigt sich, dass das mit dem Alkohol so eine Sache ist. Er kann beglücken und ins Unglück führen, er kann munden und Kopfschmerzen erzeugen, er kann das gesellige Beisammensein fördern, aber auch Menschen in die Isolation treiben. Das ist zweifelsohne allgemein bekannt.

Relativ unbekannt dürfte dagegen sein, dass die Familie des hier bereits genannten erfolgreichen Sängers, der eigentlich Udo Jürgen Bockelmann hieß, ursprünglich aus Bremen kam. Sein Urgroßvater Johann-Hinrich Bockelmann war Ende des 19. Jahrhunderts Kapitän auf dem Dampfsegler »Henriette« und befuhr unter anderem die Atlantikroute Bremen–New York. Und auch seinen Sohn Heinrich zog es in die Ferne. Aus wirtschaftlichen Gründen wollte er Bremen 1891 verlassen, konnte sich jedoch nicht entscheiden, ob er in die USA, oder nach Russland, das ihm sein Vater als »Land der unbegrenzten Möglichkeiten« beschrieben hatte, auswandern sollte. Als er in diesem Jahr über den Bremer Weihnachtsmarkt bummelte, soll er, so die rührselige Familiengeschichte, auf einmal den Klang eines Fagotts gehört haben. Statt eines Weihnachtsliedes soll die russische Weise »Kalinka« erklungen sein. Ob dies wirklich so war oder ob womöglich einige Gläser des traditionellen Glühweins oder einer Feuerzangenbowle im Spiel waren, ist nicht eindeutig überliefert. Der erst zwanzigjährige Heinrich deutete diese Begebenheit jedenfalls als Omen, Bremen gen Moskau zu verlassen. Dort soll er es als Bankier des Zaren zu Reichtum und Anerkennung gebracht haben. Was so ein kleiner Bremer Glühwein alles auslösen kann …

Brustwarzen an beiden Knien

Alkohol, im Übermaß genossen, führt mitunter zu getrübter Wahrnehmung und wirren Gedanken. Keiner hat das schöner bewiesen als Hans Gustav Bötticher, besser bekannt als Joachim Ringelnatz, der dem Ratskeller 1927 anlässlich eines geschäftlichen Aufenthalts in Bremen einen Besuch abgestattet hatte. In seinem Tagebuch hat er seine aufwühlenden Erlebnisse wie folgt zusammengefasst:

»BREMEN
Hier gelt ich nix, und würde gern was gelten,
Denn diese Stadt ist echt, und echt ist selten.
Reich ist die Stadt. Und schön ist ihre Haut.
Sag einer mir:
Welch Geist hat hier
Die Sankt Ansgarikirche aufgebaut?
Groß schien mir alles, was ich hier entdeckte.
Ein Riesenhummer lag in einem Laden.
Wie der die Arme eisern von sich reckte,
Als wollte er durchs Glas in Frauenwaden,
In Bremer Brüste plötzlich fassen
Und – wie wir's von den Skorpionen lesen –
Restweg im Koitus sein Leben lassen, –
Wär er nicht längst schon rot und tot gewesen.

Als ich herauskam aus dem Keller, wo
Schon Heine saß, da sagte ich: »Oho!«
Denn auf mich sah Paul Wegener aus Stein,
Und er war groß und ich natürlich klein.
Brustwarzen hatte er an beiden Knien,
Vielleicht war's auch der Roland von Berlin.
Und als ich, wie um eine spanische Wand
Mich schlängelnd, eine seltsam leere
Doch wohlgepflegte Villengasse fand
Und darin viel verlorene Ehre,
Stand dort ein Dacharbeiter.
Den fragte ich so ganz nebenbei:
Ob er wohl ein Senator sei?
Da ging er lächelnd weiter.«

Die besten Vergrößerungsgläser
für die Freuden dieser Welt sind jene,
aus denen man trinkt.

Joachim Ringelnatz (1883–1934),
deutscher Schriftsteller, Kabarettist und Maler

Gluck, gluck – die Erste!

Bremen ist reich an Traditionen. Fast alle werden durch hochprozentige Beigaben nicht nur verschönert, sondern auch verdauungsfördernd unterstützt. Wer in Bremen, der Hauptstadt des Braunkohls, einmal in den Genuss gekommen ist, an einer zünftigen Kohl-und-Pinkel-Tour teilzunehmen und dabei vielleicht sogar »Kohlkönig« geworden ist, wird den Wert guter Schnäpse zu schätzen wissen.

Umsichtige Organisatoren von Kohl-und-Pinkel-Fahrten werden darauf achten, dass sämtliche Teilnehmer bereits vor dem rustikalen Schmaus alkoholisch präpariert werden. Damit auch die körperliche Fitness nicht zu kurz kommt, werden sie die (natürlich immer nur in homöopathischen Dosen verabreichten) hochprozentigen Alkoholika in ein ausgefeiltes Bewegungsprogramm einbinden. Bier gilt hier quasi als Durstlöscher und fließt wie Wasser. Bevor das große Fressen in einem Lokal in Bremen oder umzu beginnen kann, haben die Teilnehmer an einer sportlich höchst anspruchsvollen winterlichen Wanderung teilzunehmen, während derer sie auch ihre Geschicklichkeit durch niveauvolle Spiele wie »Eierlauf« oder »Sackhüpfen« unter Beweis zu stellen haben. Zur Belohnung für gewonnene und zum Trost für verlorene Spiele werden weitere Schnäpse, häufig Weizenkorn oder Aquavit, verteilt, die in einem stilvoll mit Kohlblättern geschmückten Bollerwagen mitgeführt werden. Als urige Trinkgefäße dienen kleine Schnapsgläschen mit Henkel oder Eierbecher, die die Teilnehmer an einem Bindfaden um den Hals tragen, damit sie (die Eierbecher) nicht verloren gehen. Ein feucht-fröhliches Vergnügen der besonderen Art, das die winterliche Kälte zuverlässig vertreibt.

Es ist ein Brauch von alters her:
Wer Sorgen hat, hat auch Likör.
Doch wer zufrieden und vergnügt,
sieht zu, dass er auch welchen kriegt.

Wilhelm Busch
(1832–1908),
deutscher Dichter

Gluck, gluck – die Zweite!

Eine weitere wunderschöne Bremer Tradition mit hochprozentigem Potenzial ist das Stühlerücken. Der Spaß besteht darin, dass nichts ahnende »Freunde«, die eine neue Wohnung bezogen haben und abends entkräftet auf der Couch hängen, mit einer Party überfallen werden.

Da anzunehmen ist, dass der Haushalt noch nicht perfekt eingerichtet ist, wird freundlicherweise alles, was zum Feiern erforderlich ist, mitgebracht: Geschirr, Besteck, Baguette, Salate und vor allem Alkohol. Sehr viel Alllohoool.

Es ist Ehrensache, dass sich die Überfallenen dafür später mit einer eigenen Einweihungsfeier revanchieren müssen. Bei der kann man dann – ebenfalls mit reichlich Feuerwasser – über die doofen Gesichter der vom Stühlerücken Überraschten lachen.

Er trank Bier – sieben Becher. Sein Geist entspannte sich, er wurde ausgelassen. Sein Herz war froh und sein Gesicht strahlte.

Aus dem Gilgamesch-Epos, ca. 3000 v. Chr.,
eine der ältesten Erzählungen der Welt (aus Mesopotamien)

Gluck, gluck – die Dritte!

Alkoholisch geht es auch beim Domtreppenfegen zu, für das es in Bremen bereits Belege aus dem Jahr 1890 gibt. Junge Männer, die mit dreißig Jahren noch unverheiratet sind, haben mit Frack und Zylinder, manchmal auch in anderer geschmackvoller Verkleidung (einem Elefantenkostüm zum Beispiel) so lange die Domtreppen zu fegen, bis sie von einer Jungfrau freigeküsst werden. Und das kann dauern … Hoffen zumindest auch die fröhlich ihr Bier haltenden Freunde und Verwandten des Jubilars. Wegzufegen sind meist Kronkorken, die mit der Nichtbierhand von den Freunden regelmäßig wieder weiträumig verteilt werden.

Frauen in der gleichen misslichen Situation müssen zwar nicht fegen, dafür aber die Klinken des Doms putzen. Ihnen ergeht es also keinen Deut besser.

Das Ganze wird traditionell untermalt mit guter handgemachter Drehorgelmusik. Da ist der eine oder die andere gleich doppelt dankbar für die mitgebrachten Getränke.

Gluck, gluck – die Vierzehn-einachtelhickste!

Es gibt unzählige weitere Beispiele, die belegen, dass die sturen Bremer zu feiern verstehen. Und dass dem Alkohol für die Stimmung dabei durchaus eine belebende Rolle zukommt.

Wer etwa den bereits seit 1035 stattfindenden Freimarkt besucht, wird feststellen, dass das Oktoberfest, und das kann nicht häufig genug betont werden, dagegen nur ein müder Abklatsch ist. Oder die Wein- und Bierfes-te, die Sixdays, der Samba-Karneval, die »Tour de Matjes«, die Osterwiese, die Haake-Beck BadeinselRegatta, die vielen Straßenfeste, die Breminale, Heimspiele von Werder, Kulturveranstaltungen jedweder Art (ja, auch das Schlagerfest Bremen Olé) oder der stimmungsvolle Weihnachtsmarkt zeugen davon, wie (feucht-)fröhlich es in dieser schönen, alten Hansestadt zugeht. Schauen Sie sich nur mal um, bestimmt findet sich in der Nähe oder zumindest in nächster Zukunft ein passender Anlass für ein kühles Bier, einen prickelnden Sekt oder einen glühenden Wein.

Nein danke,

erstens trinke ich keinen Wein,

zweitens ist heute kein Tag zum Trinken und

drittens habe ich schon drei Gläschen gekippt.

Sprichwort aus Russland

Glucksende Bremer Straßennamen

Alfelder Straße
An der Braukuhle
Auf dem Kruge
Brauerstraße
Brunnenstraße
Gerstenweg
Heidkruger Weg
Im Weinberge
In der Tränke
Kaffeestraße
Kleine Breite
Kleine Helle
Knüllweg
Kornstraße
Milchstraße
Moselstraße
Pfälzer Weg
Quellenweg
Rüdesheimer Straße
Schoppensteel
Traubenweg
Wasserweg
Zechstraße

In Würde und Hoheit

Vom Konklave ist bekannt, dass sich die Kardinäle so lange in der Sixtinischen Kapelle einschließen lassen, bis ein neuer Papst gewählt worden ist. Weniger bekannt ist, dass diese nette Sitte auch von den Bremer Ratsherren angewandt wurde, wenn sie sich mal nicht einigen konnten. Ort der freiwillig-unfreiwilligen Klausur war jahrhundertelang der Senatssaal des Bremer Ratskellers – das »köstliche Fundament« des Rathauses. Dort mussten sie bei Brot und Wein so lange verharren, bis sie eine Lösung gefunden hatten. Wilhelm Hauff beschrieb dieses Procedere wie folgt:

»Hier saß in Würde und Hoheit
der Senat von Bremen, stattliche
Perücken, Mut im Herzen, und
jeder einen Römer vor sich. Hier,
hier, nicht oben auf der Erde,
hier war ihr Rathaus, hier die
Halle des Senats; denn hier beim
kühlen Weine berieten sie sich
über das Wohl der Stadt.«

Geselliges Beisammensein gibt es in der Politik auch heute noch – allerdings sollen die Beschlüsse angeblich stets ganz nüchtern getroffen werden.

Knüllitäten im Ratskeller

»Vorgestern Abend hatte ich große Knüllität im Weinkeller von zwei Flaschen Bier und zweieinhalb Flaschen Rüdesheimer 1794er«.

Friedrich Engels während seiner Bremer Lehrzeit
in einem Brief 1839 an Wilhelm Graeber
(nach anderer Quelle an seine Schwester Marie).

Friedrich Engels' Besäufnisse im Bremer Ratskeller sind legendär. Allzu gerne legte er sich dabei mit Bremer Honoratioren an, während er tagsüber fleißig im Kontor arbeitete und für seine liebenswürdige Art gerühmt wurde.

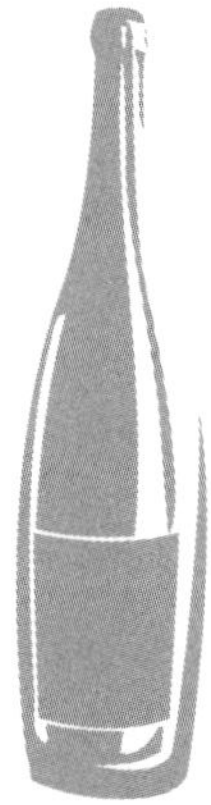

WIR FRIEDRICH ENGELS

oberster Poet im Bremer Ratskeller
und privilegierter

ZECHER

tun kund und zu wissen allen
Vergangenen, Gegenwärtigen

ABWESENDEN UND ZUKÜNFTIGEN

dass Ihr sämtlich Esel seid,
faule Kreaturen,
die an dem Überdruss der
eignen Existenz dahinsiechen,
mir nicht schreibende Canaillen
und so weiter.

Gegeben auf unsrem Comptoirbock,
zur Zeit, da wir nicht den Katzenjammer hatten.

Friedrich Engels.

Aus einem Brief von Friedrich Engels an Wilhelm Graeber vom 13./15. Nov. 1839 während seiner Bremer Lehrzeit.

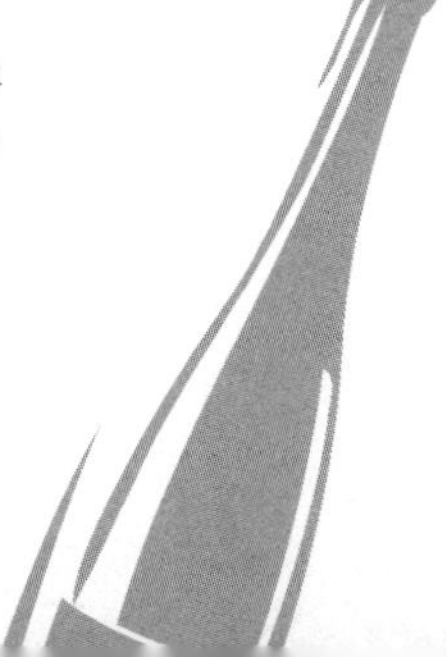

Hochwohlgeborene Genießer

Fürst Otto von Bismarck
Johannes Brahms
Queen Elizabeth II.
Hoffmann von Fallersleben
Arthur Fitger
Theodor Fontane
Nikolai Gogol
Wilhelm Hauff
Gerhart Hauptmann
Heinrich Heine
Walter Kempowski
Graf Helmuth von Moltke
Joachim Ringelnatz
Max Slevogt
Richard Strauss
August Strindberg
Richard Wagner
Karl Maria von Weber
die Kaiser Wilhelm I. & II.

Unvollständige Auflistung prominenter Gäste des Bremer Ratskellers

Ein

Dichten

ist auch das Weingenießen,

nur dass die Verse nach innen fließen.

Bremer Ratskellerspruch

Ein

Trinkgefäß,

sobald es leer,
macht keine rechte Freude mehr.

Wilhelm Busch (1832–1908),
deutscher Dichter

And the winner is ...

PLATZ 10

Prinz Alm-Mandl Original Jager-Tee

65% Vol.

Angeblich soll er Hasen anlocken
und Jagdglück garantieren.
Hergestellt von einer österreichischen Privatbrennerei.

PLATZ 9

Booker's Kentucky Bourbon

65,2% Vol.

Benannt nach dem Ur-Ur-Enkel von Jim Beam.
Sechs bis sieben Jahre gereift.

PLATZ 8

Lauterer Prima Sprit

69,9% Vol.

Aus dem Erzgebirge. Geruch- und farblos, zum
Ansetzen von Früchtetöpfen und Eierlikör.
Auch erhältlich im Kanister.

PLATZ 7

Coruba Rum Jamaica

74% Vol.

Trotz des hohen Alkoholgehalts auch pur genießbar.
Fruchtig im Geschmack.

PLATZ 6

Absinth Vincent's 77

77% Vol.

Aus Österreich.

Ein »Anfängerabsinth zum günstigen Preis«,
so die Werbung.

PLATZ 5

Stroh Rum

80% Vol.

Österreichischer Rum, ideal zum Backen
und als Beigabe zu Marmeladen und Rumtöpfen.
Geht auch gut für einen
s-teifen Bremer Grog.

PLATZ 4

Absinth 85 Black Edition

85% Vol.

Fünffach gebrannt, leicht bitter.
Limitiert.

PLATZ 3

Absinth Hapsburg

89,9% Vol.

Ursprünglich aus Bulgarien, jetzt aus Italien.
Mit einer leichten Anis-Note.
Ideal zum Mischen.

PLATZ 2
AlcoolPuro
95 % Vol.
Eine Qual für den Körper. Kopfschmerz- und Ohnmachtsgefahr drohen, Erblindung, vielleicht auch mehr.
In Italien und Polen im Supermarkt erhältlich,
in Deutschland in Apotheken.

PLATZ 1
Prima-Sprit
96 % Vol.
Fast geschmacksneutral. Ideal zum Strecken.
Gesundheitsgefahr bei purem Genuss.

Ein Bremer ist in diesem Ranking leider nicht dabei – wir verstehen uns eben eher auf Genuss mit etwas weniger Umdrehungen.

Alkohol, in ausreichender Menge genossen, bewirkt alle Symptome der Trunkenheit.

Oscar Wilde (1854–1900), irischer Schriftsteller

Auf das Leben

Es wird viel getrunken in Deutschland, in Bremen. Sogar sehr viel, und zwar immer häufiger schon im frühen Alter.

Zum Outfit mancher Bremer gehören bereits am helllichten Tag ein Smartphone und die grüne Flasche einer beliebten Großbrauerei. Wanderungen werden, wenn überhaupt, nur mit einem kohlgeschmückten Bollerwagen unternommen, auf dem sich literweise Schnaps als Wegproviant türmt. Junggesellen- und -gesellinnenabschiede, Hochzeiten, Scheidungen oder andere erfolgreich absolvierte Prüfungen werden begossen, bis der Arzt kommt. Junge Leute treffen sich zum sogenannten Komasaufen und trinken um des Trinkens willen. Menschen jeden Alters versuchen, ihre Probleme in Alkohol zu ertränken. Die Suchtkliniken sind voll.

Durch Alkohol kommen, auch das muss hier erwähnt werden, in Deutschland viermal mehr Menschen zu Tode als im Straßenverkehr, nämlich fast 15.000 jährlich. Bei fast 8.000 Alkoholtoten waren Leberschädigungen ursächlich. Es folgen alkoholbedingte Schädigungen der Bauchspeicheldrüse und des Herzmuskels, der Lunge und des Nervensystems.

Jeder Deutsche trinkt im Schnitt 9,7 Liter reinen Alkohol im Jahr. Das ist fast ein Wassereimer voll. Und weltweit sind es im Schnitt nur 6,2 Liter. Laut WHO ist Deutschland damit eine »Alkohol-Problem-Nation«.

Jeder Deutsche trinkt im Schnitt:
106,6 Liter Bier
21,1 Liter Wein
5,5 Liter Spirituosen
4,0 Liter Sekt/Schaumwein

In Anbetracht der Tatsache, dass viele Deutsche keinen oder kaum Alkohol trinken, sind das besorgniserregende Zahlen. 7,4 Millionen Erwachsene haben massive Alkoholprobleme, die Dunkelziffer dürfte weit höher sein.

Es müsste mehr unternommen werden, um dieser Entwicklung Einhalt zu gebieten. Und trotzdem wäre ein völliges Verbot alkoholischer Getränke keine Lösung.

Denn Alkohol, in Maßen genossen, steigert die Lebensqualität. Ein abendlicher Flirt bei einem Glas Rotwein gehört ebenso dazu wie das kühle Bier mit Freunden nach dem Sport oder im Biergarten. Ein perlender Sekt zum Geburtstag oder zum Examen adelt den Anlass und ein Schnaps nach dem Essen steigert das Wohlbefinden. Einen verantwortungsvoller Umgang vorausgesetzt, kann Alkohol dazu beitragen, das Leben noch lebenswerter zu gestalten und jeden Tag, der uns verbleibt, dankbar zu begehen. Und zu feiern.

Darum trinken wir auf das Leben! Ob im Hafen, in Pusdorf, Walle, Vegesack oder im Viertel, gleich wo: Überall sitzen Bremerinnen und Bremer zusammen, die feinen Geschäftsleute und die Gestrauchelten, die Studenten

und die Ökos, die Drogenabhängigen und die Lottogewinner, die Kleingärtner und die Finanzbeamten.
Und sie alle stimmen mit ein, wenn die Erfolgsband »Revolverheld« in ihrem Song »Das kann uns keiner nehmen« auf die Kneipe an der Ecke die Gläser erhebt. Auf den Ort, an dem so viele Erinnerungen an durchzechte Nächte hängen, die keiner mehr nehmen kann. Und auf das Leben!
Der Sänger dieses Liedes, Johannes Strate, ist übrigens gleichfalls Bremer (und glühender Werderfan). Aus dem Lied spricht also auch die pralle (bremische) Lebensfreude. Und gerade, weil uns das Schicksal oft Nackenschläge verpasst, ist es ein Gebot der Stunde, sie zu beherzigen.
Sie sind selten genug, die schönen Momente des Lebens.

Meine Definition
von Glück?
Keine Termine
und leicht einen sitzen.

Harald Juhnke (1929–2005),
deutscher Entertainer

Wir bedanken uns herzlich für die erteilten Abdruckgenehmigungen:

S. 11: Thomas Wolfe: Oktoberfest, Aus dem amerikanischen Englisch von Irma Wehrli © 2010 by Manesse Verlag, Zürich, in der Verlagsgruppe Random House GmbH, München.
S. 14: Thomas Mann: Tristan. In: ders.: Gesammelte Werke in dreizehn Bänden. Band VIII. Erzählungen. © S.Fischer Verlag GmbH, Frankfurt am Main, 1960, 1974.
S. 64: Ernst Rowohlt: Erinnerungen an Bremen, aus: Der Reclam Verlag. Eine kurze Chronik von Frank R. Max, S. 20f.
© Philipp Reclam jun. GmbH & Co. KG, Stuttgart 2012.
S. 102: Werbeslogans Hemelinger,
Headlinegestaltung H&K+S Agentur für Werbung GmbH.

Unter Nutzung folgender Illustrationen:

Font »Alcohol« von Woodcutter Manero
S. 103: © csp_lhfgraphics/Fotosearch.com
S. 134/135: ©J_ka/Fotolia.com

Die Deutsche Nationalbibliothek verzeichnet diese Publikation in der Deutschen Nationalbibliografie; detaillierte bibliografische Daten sind im Internet über http://dnb.dnb.de abrufbar.

www.schuenemann-verlag.de

1. Auflage 2016

Autor: Peter Meyer-Odenwald
Lektorat: Caroline Simonis
Satz und Buchgestaltung: Karin Hannemann

Printed in EU 2016 | ISBN 978-3-944552-86-6